你的生活与你无关

Your Life is None of Your Business

约翰逊博士的生活故事及其人生感悟

by Dale A. Johnson

Translated by Professor Zhang Ao

Chongqing University of Arts and Sciences

你的生活与你无关

——约翰逊博士谈如何求得心灵的平静与安宁

（美）约翰逊 A·戴尔博士

谨以此书献给：

我深谙牧牛之道的父亲

约翰逊·阿尔伯特

Library of congress Cataloging-in-Publication Data
Dale A. Johnson
Your Life is None of Your Business

ISBN 978-1-257-00691-5

Manufactured in the United States of America

First Chinese edition

目录

第十三章 牛眼看人生

引言

2004年，我应香港博物馆馆长之邀前往香港，对一些被认为是景教十字架的铜质十字架提供咨询。这些十字架于1900-1910年间在中蒙边境被发掘出来并成为尼克松家族的收藏品，后来又被捐赠给香港博物馆。经过仔细研究，我发现这些都是摩尼教十字架。 摩尼教是公元三世纪时波斯人所创，并向东沿丝绸之路传到中国，在中国找到了几百年的避难所。摩尼教融合了基督教、佛教和拜火教的思想观点。

我在博物馆停留期间还参观了其他展室。记得一进陶瓷品展区，我就被一头瓷牛深深吸引住了——就是本书封面上你所看到的那头牛。泥土色的公牛，其形态富有动感、充满力量。我后来了解到，按照老子（约公元前600 - 公元前500）的道家思想，牛是古老而极具宗教含义的象征。老子几乎是无与伦比的宗教巨人，他与释迦牟尼佛（即佛陀、如来佛：约公元前560-约480公元前）生活在差不多同一个时代。在佛教传入中国的过程中，其基本观点与丰富的中国道教思想融合，因而至今仍然能以佛教禅宗的形式存在。这样的融合与我所发现的摩尼教十字架体现的融合相同。牛作为人们大脑中一种隐喻的意象，指引求道者如何一步步获得启迪与开悟。

牛的隐喻包括十个阶段。通过这些意象，即使是初闻道者也可一步一步求得心灵的平静、达到开悟的境界。

那么这与本书的主题——“你的生活与你无关”又有何相关性呢？作为隐喻的牛从道教走入中国的佛教，最后是牛消失而人的生活得以转化和升华。即使你苦苦找牛、训牛、骑牛归家，牛依然不属于你。等你回到起点的时候，你会发现牛已经消失了。在后边的牧牛图中你会发现，牛的颜色愈来愈白，直至消失在白色的纸上。

牛不仅仅是一种思想。在西方人的意识中，思想与生活或者与自身是分离的；而按照我的理解东方人的思想是包含生活与自身在内的。但是当我们说“你的生活与你无关”的时候，就意味着我们把东西方人的自身观，甚至是思想观看成是相通的。

所以我要再一次说“你的生活与你无关”。何尝不是如此呢？因为你不属于你自己，而是属于他人的，你属于你的家人、你的朋友，你甚至属于你的敌人。你的生活属于造就你的人：造就你的母亲和父亲对你的生活抱有希望和梦想；就算漠视或者全然不顾父母对你寄予的期望，你也逃不过先辈们希望的锁链。这倒不是说你的父母拥有你，其实，父母对孩子唯一真正的希望和梦想是源于其对职责的理解。父母养育孩子是出于高度的责任意识和神圣的使命感。当然也有不够格的父母——父母一旦把孩子想成是自己的财产，就意味着他把自己神圣的职责毫不负责任地抛在了一边。这样的话，他们的期望永远得不到满足，还会产生控制与权利的问题。这对于父母与孩子的关系永远是有害的。

你的生活终究是属于上帝的。你的形成是受着一种更深层次的意识的制约的，这种意识还影响着你是否能对它有所知晓。关注这一深层次的形成意识，你就能达成人生之目的。

你若接受了“你的生活与你无关”这一观点，你的生活就会变得游刃有余。

然而要真正理解自己的生活与自己无关并非易事，我们必须经过各个阶段的操行与修持方可获得这样的大彻大悟。

通过对佛教的深入研究，我反而成了更加优秀的基督徒。我对于信仰与恩赐、经文与耶稣的深刻领悟，让我不存任何偏见与固执。我脱掉基督教舒适的外衣，穿上异端信仰难受的长袍。这让我难受至极以至于绝望得想要逃离。然而随着苦苦的追寻，我拥有了更加深刻的真理：现在我不仅要更加紧紧地拥抱基督教，而且还披上了一件我可以称作是清醒意识的风衣。

中国古老的禅宗修心十阶段的《禅门十牛图》在我的内心深处引起了共鸣，在我的人生早期在奶牛场生活的时候，我就体验了这些修心的各个阶段。那个时候我就不认为生活是我自己的，其实它与我根本无关。我把生活看作现实的隐喻：我就像是在演戏，直到别人的掌声响起我才意识到自己是在演戏一样。这就像很多禅宗故事讲述的那样，小和尚向大师寻求人生的真谛，反被大师打发去劈柴、打水。小和尚每个星期都向大师抱怨，哀求大师赐予人生秘诀，结果每次都遭到拒绝，依旧被打发去劈柴、打水。直到后来小和尚才明白，正是劈柴、打水这样的修持才让他获得了人生的真谛：水教会他反省与宁静，劈柴教会他，要劈好柴务须谙熟物性。小和尚把自己的领悟告诉大师，师徒俩喜极而泣。

因此，在我写这本书，并请你接受“你的生活与你无关”这一观点时，请相信这些真理。请倾听我的生活故事，并允许我把它与中国禅宗修心的牧牛十阶段结合起来；也请你不要排斥我把基督教规与其他真理结合起来。请仔细观察你周围结成的网络，这样你就会明白其实“你的生活与你无关”。

约翰逊 A·戴尔博士

圣十字节，2008 年 9 月 14 日

多米尼加共和国，普拉塔港

爱是我们的真使命。

在寻找生命意义的征途上我们不是各自为政，

而是与他人结伴而行。

托马斯·莫顿

第一章　　　隐喻人生

我是在华盛顿州西雅图市北边美丽的斯卡吉特峡谷一家奶牛场长大的。那是一大片狭长的绿色土地，从喀斯开山脉向普吉特海湾蔓延开去，上边的奶牛场成百上千。这里可是感悟人生的绝佳之地。

斯卡吉特峡谷其实根本不是什么峡谷，而是一千五百万年前因冰川作用而形成的河漫滩。漫滩西边是被称为普吉特海湾的深谷，由大小海湾组成；受贝克山终年积雪滋润的漫滩东边不远处，喀斯开山脉若隐若现。斯卡吉特河蜿蜒流过整个漫滩，这是冰川时期留下的遗迹，它侵蚀地表，留下的大量泥沙形成厚厚的一层农耕地，富比尼罗河三角洲。

土著的狩猎部落曾在这里群居，他们以食用贝类和丰富的海洋生物为生。喀斯开山脚下，与漫滩结合部是古老的雪松森林。由于近山滨海，土著人可以轻易地从海边迁往长着丰富浆果植物的高处草地----那就是有无数的溪水涓涓注入的这个斯卡吉特三角漫滩。十九世纪，当从欧洲斯堪的纳维亚半岛来的殖民者涌入这个三角漫滩的时候，为了驾驽这块风水宝地，他们修筑防洪堤，开挖水渠，运河网络应运而生。然而与成功地赶走畏缩而退让的斯卡吉特原始部落相比，他们最初征服这片土地的战斗是失败的。后来大坝的修筑和更好的工程技术减缓了漫滩水土的流失。新来的人们围起了栅栏，建起了农场，形成了可称作他们自己的领地。

我的父亲是峡谷的新来者。1910 年，他出生于华盛顿州哥伦比亚河岸边，切努克市斯特陵镇一个芬兰渔民家庭。三年后他的母亲就抛下丈夫和九个孩子离开了人世，不久他的父亲也撒手人寰，没有给孩子们留下什么财产。我的父亲是由姐姐和哥哥们抚养成人的。当父亲的哥哥从学校带回一位新娘的时候，他在牲口棚里躲了三天。他最终还是适应了新的生活。和哥哥们一样，父亲上了华盛顿州立大学，但由于 1929 年当地银行破产而失去了所有的积蓄，他们都没有能够完成大学的学业。由于无钱支付学费，父亲和哥哥在哥伦比亚河边一家大型奶牛场干起了牧牛人的活。探险家路易斯和克拉克曾在那里安营扎寨，但是他们嫌夜间鸭子的声音太吵又搬走了。接下来的二十年里，父亲和哥哥经管着奇口拉农场。父亲的一项工作就是把获奖的牛引去参加西海岸各种奶牛展览会。他领着牛出席了 1941 年洛杉矶牛宫的开幕式，也参加过丹佛港的露天展览会，还到过其他许许多多的地方。正是他和牛接下的这段情缘让他渡过了难关----一场影响了他个人生活的国家危机。

作为二十年辛劳的奖赏，奇口拉农场主赠给父亲和叔叔每人几头奶牛，那也是他们与农场分手的礼物。农场的土地捐给了华盛顿州立大学，其余的牛被卖掉了，父亲开始寻求新的生活。在农场工作的二十年间，父亲和在当地一家公用事业公司上班的母亲结了婚。他们一路往北来到斯卡吉特峡谷寻找农场和新的生活，父亲最初为另一位农场主乔治·戴恩斯工作，后来存下足够的钱买下了自己的农场。

1953年春，我坐在母亲的腿上，乘坐一辆1950年产的白色福特牌轿车来到了布里特斯洛福路1750号。在经过了严格的程序之后，父亲和母亲满怀喜悦地从西雅图路德会家庭福利会收养了我。他们第一次见到我是在1951年12月西雅图时报的首页上，我的样子非常痛苦。我的相片登在时报首页上，滚滚泪珠滴到下边的文章标题上——呼吁读者为县圣诞基金会捐款。这打动了母亲的心，她开始了收养程序。母亲原本生过两个小孩。第一个小孩出生于1948年，但是出了严重的问题：小孩最终被诊断患有唐氏综合症（先天愚型），这等于是死亡宣判，在大家的鼓励下，父母把小孩送进了华盛顿州巴克利智障人福利机构。1950年出生的第二个小孩也因出生时脐带缠住脖子窒息而死，她在这个世上只活了几个小时。收养小孩便成了我母亲过正常家庭生活的希望——当然我也不清楚这是否就是她真正的想法。

总而言之，我在奶牛场的生活就这样开始了。

作为一个养子，就像其他被人收养的小孩一样，我也有一种被人选择的感觉。我喜欢摩西、俄狄浦斯和亚瑟王的故事，以及其他所有被别人家庭收养的人的传奇人生。他们也是被人选择的，正是由于他们被人选择，他们才很特别，才注定了其非同寻常的人生。我懂得非同寻常的人生是需要受苦受难的。摩西的伟大是在自我发现的烈火中铸就的：被埃及法老王的女儿作为义子抚养，摩西本来要成为国家未来的领袖，但他后来认可自己的生母，因而失去了王子的体面，被迫过起漂流的生活。在荆棘焚烧的耀眼强光中，他听到上帝的呼唤——虽然不很情愿，他随着这声音一步步走到了权利与责任之山巅。俄狄浦斯命中注定要弑父娶母——那是他奋斗终生不愿见到的预言。然而正是他的奋斗与抗争，又创造了能够实现这一预言的条件。亚瑟王是被一位牧羊人抚养，在宁静的乡下长大的；他后来回去拔出了石中之剑，才以神力昭告世人王者的归来。读着这些榜样的故事，我幼小的心里产生了许许多多的疑问。带着恐惧与好奇，我开始探索生命的意义和人生的使命。因为时常受着这些传奇故事的激励，在人生旅途中我的探索不断向前，历经革新。

孩子，聆听主音，全神贯注，用心倾听。

圣本笃——圣本笃会会规序

第二章　　寻牛

茫茫拨草去追寻，

水阔山遥路更深。

力尽神疲无觅处，

但闻枫树晚蝉吟。

这是可能写于十三世纪（宋朝）的一首中国禅诗的开头部分。佛教自古印度传入中国一千多年以来，与中国传统文化充分结合从而形成了具有中国文化特色的中国佛教，它在中国与其它教派、学派如儒学、道教、甚至与源于美索不达米亚的闪语基督教互相渗透，互相促进。中国佛教被称作佛教禅宗。从整个中国佛教发展史来看，清朝应被归为其“衰败期”。中国佛教自公元四世纪中叶向东传入朝鲜，公元六世纪初向东传入日本，先后同包括泰国在内的东南亚各国有着频繁的交往。到了近代，尤其是近半个世纪以来，中国佛教在世界上越来越受到重视。自新中国成立后，人民政府实行了宗教信仰自由政策，使旧中国恹恹一息的佛教一度呈现欣欣向荣的局面。此外，七八世纪的基督学者也参与了佛学的翻译与传播。

为了便于信徒领会佛教教规，禅宗佛教以物比如莲花、山水，柳、竹等等作为心的意象，将之拟人化、象征化，对应自己的人格情趣。这种以物喻心的形式历经变化。到了唐朝，大禅师们喜欢假借牛为心性的意象，“牧牛”如同“治心”，以找回久已迷失的自我本性。十三世纪宋代梁山廓庵僧远和尚创作《禅门十牛图》，喻示禅宗修心的十个阶段，包括：

1. 寻牛
2. 见踪
3. 见牛
4. 得牛
5. 驯牛
6. 骑牛归家
7. 人存牛忘
8. 人牛俱忘
9. 返本还源
10. 服务于人

我六岁的时候，每天晚上就要帮着父亲给大约 30 头奶牛挤奶。牛进了牲口棚，我就给它们刷毛，因为父亲认为这样既有利于牛的健康，又能够安抚牛。由于我们家所有的奶牛都是经过注册的格恩西奶牛，每头牛的全名我都记得。格恩西奶牛是原产于英属格恩西岛的一种白色和褐色相间的奶牛，有时被称作金色格恩西奶牛。我家的奶卖给一家叫做“金色乳品”的乳制品合作社，那是由斯卡吉特峡谷的农场主们合作组成的一家公司。格恩西奶牛因其乳汁成天然的金黄色而具有极高的价值。用这种奶制作的黄色奶酪很特别，与其他品种的牛如荷兰霍尔斯坦因牛、苏格兰艾尔夏牛、英国泽西牛以及瑞士黄牛的奶制作的奶酪不同。后来，当地的格恩西奶牛场主，也包括我们家，就是因为金色奶酪颜色的缘故，将其牛奶卖给了一家比萨饼工厂。

格恩西奶牛是在国家机关登记注册的，每头牛出生的时候都要作上不同的记号。并且其种牛，无论是公牛或是母牛，也是经过登记的、纯种的。从牛犊长成小母牛（1 岁年龄）、小母牛开始产子（大约 1 岁半）、到成为奶牛开始挤奶（大约 2 岁半），要对每头牛的数据进行记录。牛奶测试员每个月都要到我们奶场来称每头牛每天 24 小时所产奶的重量。然后，他将一个细小的科学胶囊丢进一管牛奶里测试其所含的乳脂，算出比例，进一步借助于离心机测试奶中所含的固体物，如蛋白质。这一切都是在挤奶房里进行的，在那里，每头牛的奶要装入一个 10 加仑的大罐子内。他会将测得的数据交到华盛顿州立大学，然后我们就能够得到一份关于每头牛每一年的产奶量。每头牛的年均产奶量是按照每一年 305 天的挤奶时间来计算的，这是每头牛年均分泌乳汁的天数。所有这一切都是被称作“乳牛性能改良协会”工作的一部分。

每一年我们都要参加在当地一所中学举行的宴会，期间他们会将一览数据表，以及因奶和乳脂产量最高的牛获得的奖金交给每一位场主。相关信息会细化到不同品种的牛。每一年看到我们家牛的产量都接近格恩西牛的最高产量，真是让人激动不已。

奶牛专家还要针对乳制品加工业出现的问题举行演讲。但有一年我们请布莱柏利博士作了演讲，他是我们当地的一个兽医。我曾经多次看到他来我们的奶牛场，为我家的奶牛治疗产乳热、传染病、难产；他还为牛进行必须的疫苗接种。我也知道他是我所认识的最聪明的人。他是真正的科学家，总是在运用新的方式和药物。他认为自己找到了治疗乳腺炎的方法（乳腺炎是牛等哺乳动物乳腺衰弱性感染疾病）。他还给我们放关于鲸及其产奶的幻灯片。我被新生的幼鲸在母鲸身上吸奶的幻灯片迷住了。我的视野扩大了：我原以为只有奶牛才产奶，现在我才明白，这是所有哺乳动物都具有的特征。

眼界打开了，视野扩大了，我对所有的生命都产生了好奇心。我观察牛犊的诞生，看到我们家的公牛有选择性地与我们家的有些母牛交配。我懂得母畜与女儿（青年母牛）之间的关系，也了解基因控制。你知道，我们家奶场的目的是要培育优质奶牛，这种牛每年能够多产奶和乳脂。为了达到这个目的，每一头青年母牛必须比她们的母亲更优秀。我们可以通过比较母牛与女儿的产奶量来进行评估。因此，我们所使用的公牛必须是经过检验的，它要确保繁殖出比母牛产更多的奶和乳脂的女儿。全国的格恩西公牛都是从高产奶牛繁殖的后代中挑选出来的。在每一头公牛繁育出十个女儿之后，就将她们产的奶量及乳脂与其母亲的进行比较，以确认她们是否比母亲更优秀。如果一头公牛繁殖的女儿比母亲能产更多的奶和乳脂，我们就可以说这是一头合格的公牛。优秀的公牛繁育的女儿比她的母亲每年能多产一千磅牛奶和一百磅乳脂。我父亲的梦想就是要培育出一头能为格恩西牛的成功做出贡献的种牛。

我父亲一生培育出两头被选作全国的格恩西牛养殖户推广使用的公牛。这些公牛在一个公牛场侍养，在那里每周要采集一次精液。它们的精液储藏在液态氮气罐里，然后运往全国乃至全世界各个地区，为那里的母牛进行人工受精。在母亲与女儿产量对比体系中，我们家一头叫戴利小伙的公牛成绩超过了 1000／100（注：即其女儿年产奶量超过母亲 1000 磅，年产乳脂超过母亲 100 磅。）

我们家最优秀的奶牛名字叫做丹尼-戴尔·巴斯特家大美人。丹尼-戴尔是我家奶牛场的名字，巴斯特是她父亲的名字，大美人便是指这头优秀的奶牛。她的名字之所以用字母“B”开头，是因为她的母亲就是以这个字母开头的。这是一个简单易行的分类方法：通过了解所有牛的名字，我可以确定这头牛与其他牛的关系。我家的奶牛有以字母“B”开头的，有以字母“H”开头的，有以“J”以及其他许多字母开头的。我自己拥有的一头小牛叫做吉尔，她产了五个女儿：金格儿、娟格儿、亚克西、伊萨贝儿和朱丽叶。其中四个女儿一生产了 10 万磅奶，她被国家格恩西奶牛协会宣布为“金星母牛”。

大美人是我父亲的骄傲，带给他欢乐。前面提到的戴利小伙就是她的儿子。我们的房屋装点着它们的照片。这些便是我早年学到的的遗传学知识。

我们开始在斯卡吉特峡谷使用人工受精技术的时候，那还是一项新技术。由于找到了有效保存公牛精液的方法，奶牛产业正在经历一场革命。一头公牛可以繁殖成千上万头小母牛，也可以为许许多多不同种类的动物受精。这使得基因革命走上了快车道。从 1950 年到 1970 年，奶牛的产奶量几乎翻了一番。但是这场革命也产生了负面效应：奶牛的生命周期缩短了。奶牛的营养状况改善了，很快出现了牛奶过剩；政府进行干预，付钱给场主杀死奶牛。

我见证了人类操控和改变外部世界的能力，但与此同时他们又无法改变其自身的内部状况。我感到疑惑的是：人一生的目的到底是什么？难道仅仅是为了挤奶，为了培育生命周期越来越短的动物吗？在 50 年代晚期和 60 年代早期，农用飞机在附近的牧场上空喷洒致命的农药。从蕾切尔·卡尔森的一本叫做《沉默的春天》一书中，我了解了许多关于 DDT（即滴滴涕，一种杀虫剂）及其危害的知识。云雾般的杀虫剂漂浮在我们家牧场的上空。我们看到牛吃了牧场的草以后，在两年的时间里，有 33 头牛犊生下来就出现了因杀虫剂而导致的基因变异。我看到：有的牛犊生下来皮肤外翻，有的患先天性关节炎，有的牛腿朝后，还有许多牛犊生下来就是死的。我的一头小牛生下来就奄奄一息，我通宵陪着它直到它死去。有好几年我把这头牛犊牛尾上的毛装在我的小学生皮夹子里；我的心里在思考：遭受苦难的目的何在？

这便是我最初的警醒。但依然是懵懵懂懂的，我开始思考更大的问题：我是谁？为什么我在这里？我的目的是什么？我在寻牛。

我在奶牛场干的第一件活就是把牛从牧场引进来进行夜间挤奶，这是我从三月到十一月干的家务活。在冬天的几个月，牛养在散放棚里。

在空旷的牧场上找牛并不像人们所想象的那么简单。我们家的牧场上树很少，有一些小溪谷，草很多。我们有四个牧场供每隔三四天轮流使用一次，第五个牧场供一岁年龄的小母牛饮水、吃草，但并不给与太多的照料。我父亲认为这样可以让奶牛身体强健，但是，这也会让它们狂野不羁，难以驾驽。

大约下午 4 点半我会打开牧场的大门，走过一条土路，来到奶牛休憩和吃草的地方。年龄少长的牛已经意识到了这是挤奶的时间，并站起来正朝牲口棚走。其他的牛或者躺在那里，或者正在起身。偶尔我会丢掉一头牛，它躺在那里，没有注意到其他的牛在朝牲口棚走；有时候如果牛在场地上生下了牛犊，它会留在那里照料新生儿；还有的时候，我会想入非非地凝视远山和西北边下的雨水汇聚而成的水塘；还有，秋天或早春的时候，5 点钟天就黑了，我根本看不见暗处的牛。总之，弄丢一头牛的理由有很多。把牛引进牲口棚区并关上大门之后，我会把第一批 12 头牛赶进挤奶房。这只是第一拨牛。挤完奶我会把它们引出去，把第二批 12 头牛赶进来。有时候要轮到第三批牛我才会发觉把一头牛撂在了后边的牧场上。我只好拿起电筒出去寻找----这是在遭到父亲一通狠狠的批评之后的事。在黑夜里找牛更艰难，我会筋疲力尽，眼泪几乎快掉下来。父亲常常不得不来帮我一起找牛，这个时候，我真正的麻烦开始了。

找牛是我人生面临的第一个挑战，这之前的事我真的不能记起很多。找牛带给我一种焦虑感：我感到羞愧和懊悔，又觉得是一种责任。我渴望找到牛，但我能否找到牛，这对我来说是第一道难解的谜题。这就像是一桩难以了断的禅宗公案一样。

茫茫拨草去追寻，

水阔山遥路更深。

力尽神疲无觅处，

但闻枫树晚蝉吟。

第三章　　见踪

也许根本就见不着牛，而只能发现牛的影踪。这和见到牛是两码事。人的大脑常常以事实的证据来代替事实本身，以此自欺欺人。福音派基督徒经常就是这么作的，他们说："《圣经》说……"。这不是《圣经》在说，《圣经》不会说话，这是在用个人对事实的理解代替事实本身。我们常常这么作，这是语言与大脑之间玩的一个小把戏。如果我说："天很美。"这不是对天的陈述，这个话只不过是我对天的理解。由于对话语的倚重，我们被剥离了现实。但是我们又无法拒绝话语和语言，因为这是通往警醒的必由之路。

数学法则同样如此。数学只不过是对行为或者事实本身的描述。有时数学公式很美妙，我们都被它的美迷住了，以至于本末倒置，痴迷于对公式的演算。这又是一个二元论的陷阱。超越是是而非的悖论，也就没有了二元论。所有数学方程式都包含需要解答、需要超越的悖论。

圣安东尼奥说：

祷告的僧人，除非忘掉自我、忘掉他在祷告这个这个行为本身，

否则他绝不是真正合格的僧人。

这就是悖论的症结之所在：意识不到自己在祷告的僧人会祷告吗？谁能达到这样的境界？只存在一种可能，那就是让上帝知晓自己在祷告，这也是所有祷告者的目的。紧紧抓住根本不可能有什么圣安东尼奥所谓“真正合格的僧人”这个观点，似是而非的悖论就不攻自破了。

见到牛留下的行踪引出了关于踪迹与存在的二元悖论。我们知道牛从这条道走过，但就是见不着牛。我们渴望见到牛，其行踪激发我们的期待与渴望。然而正是渴望与期待的心结阻碍我们尽快见到牛。

牛能够听见我们的呼吸声和走路发出的脚步声，它会拒绝被人捕捉，甚至不想被人看见。牛会利用我们的期盼与渴望心理规避我们。人要放弃这种心理，才会变得心平气和，呼吸声才会被风声所掩盖。要静静地站着，静静地听，唯有如此，才会柳暗花明又一村。

在为父亲找牛的时候我就发现：在田野中静静地站着听，比起漫无目的、漫山遍野地找效果更好。

我们人生旅途的初始阶段也是如此，刚开始的时候，我们甚至都不知道自己追寻的是什么。一路寻找，我们就会得到很多的启发和提示。这些启发和提示或者来自于老师、或者来自于书本、甚至来自于我们内省的呼声；这些东西的得来有时候是随意的，是可遇而不可求的。得到了会让我们激动不已，甚至于有时候我们会暂时停下来玩味一番，觉得这正是我们所要追寻的。但我们并不就此满足，我们的失望情绪日益加重，以至于变得精神颓废。我们越来越需要修补。我们对一切都茫然无助，我们渴望重新体验曾经拥有的快乐。这就是渴望的踪迹，会误导我们，会让我们无果而终。其实我们不明白：我们已经站在了通往成功之门的路上，我们只要停下来，平心静气，牛自然就会现身。与《牧牛十图》第二幅图相关的禅诗如下：

水边林下迹偏多，

芳草离披见也么？

纵是深山更深处，

辽天鼻孔怎藏他？

我们一旦见到牛的踪迹，就会发现其踪迹无处不在。我们甚至感到纳闷：怎么先前就没发现呢？我们必须全神贯注于这些足迹：它们的走向、持续了多远、足印的深浅，这些都可以向我们透露很多关于牛的信息，但这不是牛本身。

牛就好比我们自己，在某种意义上说，就好比我们所想象的生活。我们在寻找自我，见到了人生路上的影踪，我们就觉得目的达到了。我们认为没有什么比发现了自我更重要。我们祈祷或者沉思，更或者接受治疗，就认为我们见着真正的自我了。我们感到自己正在领悟生命的意义，并试图要紧紧地把握住。其实这都是欺骗与幻觉：我们听见的只不过是自己或他人思想的回声，是一种主观的东西，并非真正的自我。有时候为了找牛，黑夜里我走在牧场上，牛哞哞的叫声仿佛就在我的耳旁叫响----其实那只不过是我在草地上走路发出的响声。

《般若波罗密多心经》指引我们达到超越的境界----即便在这样的时刻，我们可以看见的也常常是牛的踪迹，但还不能见到真正的牛。

《般若波罗密多心经》

观自在菩萨，行深般若波罗蜜多时，

照见五蕴皆空，度一切苦厄。

舍利子，

色不异空，空不异色；

色即是空，空即是色。

受、想、行、识，亦复如是。

舍利子，

是诸法空相，不生不灭，

不垢不净，不增不减，

是故空中无色，无受、想、行、识；

无眼、耳、鼻、舌、身、意；

无色、声、香、味、触、法；

无眼界，乃至无意识界；

无无明，亦无无明尽；

乃至无老死，亦无老死尽。

无苦、集、灭、道；

无智亦无得， 以无所得故。

菩提萨唾，依般若波罗蜜多故，

心无碍， 无碍故； 无有恐怖，

远离颠倒梦想，究竟涅盘；

三世诸佛，依般若波罗蜜多故，

得阿耨多罗三藐三菩提。

故知般若波罗蜜多，

是大神咒，是大明咒，是无上咒，

是无等等咒，能除一切苦，真实不虚。

故说般若波罗蜜多咒，

即说咒曰：揭谛揭谛，波罗揭谛，

波罗僧揭谛， 菩提娑婆诃。

般若波罗密多心经

亚伯拉罕看见太阳从东边喷薄而出，他首先就想到，这就是上帝，于是他说：“这是创造了我的大王”，于是便整天地崇拜。到了傍晚，太阳下山，月光开始照耀大地，他又说：“其实这才是我崇拜了一整天的那个圆球的主宰，因为那个球在它面前黯然失色，不再发光。”于是他整夜地崇拜月亮。到了早上，当亚伯拉罕看到夜色退去，东边晨曦初露，他又说：“肯定有个大王在主宰和驱使这些圆球。”

----犹太教，佐哈尔

第四章　见牛

我不可能正眼直接见到牛----我是从眼角的余光中发现父亲的牛的。我们发现牛的时候，天总是黑黑的，其原因在于我们没有光明。黄昏时分为父亲找牛，我往往会拿上一把手电筒。我会控制不住自己地把电筒抛向空中，然后试图接住它：一圈、两圈、三圈，有时电筒甚至会在空中转上四圈。大多数时候我都能接住，可是一旦接不住就摔在了地上。有时候摔在石头上，电筒就摔坏了----我摔坏的电筒不在少数。渴望抛电筒是因为我们渴望通过操练掌握一种技能，这与找到牛无关，只是因为电筒就在我们的日常生活中，就在我们的手上，我们觉得可以掌控。不过我见到牛的时候，牛就在不远处。我会拧亮电筒，看见牛的身躯。光会让牛吓一跳，它会站起来或者走开。

自我或者我们的生活是让人很难理解的东西，当我们用领悟之光去照亮它的时候，它似乎就会匆匆溜走或者从我们的意识中消失。问题不是出在我们的生活或者我们试图领悟的自我上边，而是我们对生活的领悟让人实在难以捉摸。那就是它为何会如此转瞬即逝，迅速消失在黑暗之中。

电筒摔在了石头上，我们陷入了黑暗之中。

在我大约九岁的时候，父亲就让我到放养一岁小母牛的牧场去。这些牛喝水塘里的水，吃能够在牧场上找到的食物，过着一种不与人接触的生活----说白了它们就是野兽。这其中有一头小母牛是我的，叫做吉尔。父亲要我找到它，用绳编笼头把它套住，驯服它，每天给它刷毛、喂谷物、训练它受人指引，这样，我可以带它去参加地区奶牛展览会。

首先我得找到它。牧场的一端是水塘，虽然是河水，但有许多排水系统朝里面排水。每隔几年就要对水塘进行清淤，并清除里边生长茂盛的水生植物。水质对小母牛来说并不太好，我敢肯定牛会从中沾上寄生虫。沿水塘岸边是木棉树和大量的黑莓藤蔓植物，藤蔓既粗又深，小母牛在其中留下足迹和拱状洞穴。时值夏天，天气非常炎热，牛就沿着水塘躲起来，要悄悄靠近它们很难。循着牛留下的足迹，我一眼就瞥见了吉尔，但它又消失在了黑莓藤蔓中。我在灌木丛中追了它一个下午。

要找到我们的生活需要耗费很久的时间。眼见它匆匆闪过，绝大多数人都会放弃，不再继续寻找，因为要达到下一个阶段需要决心和修持。

黄莺枝上一声声，

日暖风和岸柳青。

只此更无回避处，

森森头角画难成。

吉尔长得漂亮。我第一次在牧场见到她时还是一头小牛犊，后来几个月我用桶给她喂奶，再后来她和其他十二头小母牛在一个牧场放养。它们就像一群奔跑着的青春少年，一群野兽。

起初我纳闷：我为什么要关注她呢？直到父亲吩咐我找到她，我才产生了要控制她的愿望，我感到要驯服它是我的义务。

在寻找自我的时候，我们常常会瞥见生活中一些更深层、更真实的东西，有时候这种东西会带给我们不愉快，哪怕是我们获得了成功。也许我们有房、有车、有如意的工作，但我们仍然不快乐。我们安定下来，忘掉生活中短暂的成功，忘掉我们的所见所感，就会感到更加轻松自如。有时候我们甚至可以去神圣的地方，比如教堂、花园、山顶，或者去看日落，我们就会感觉到有些东西比短暂的成功更重要。

一次追吉尔追得我精疲力竭，便只身来到一片黑莓藤蔓场地，走进一块圆形草地中央。黑莓丛将小块草地围成一个正圆。我享受到一种美感----片刻的美，一种居于中心的感觉。我体味到了一种以前从未有过的体验，但这种感觉转瞬即逝。我渴望再次体验这种感觉，但贪婪的欲望对我有损无益。

我们的生活也是如此，只要我们一想到生活就是自己的，我们的真理意识就可能被挤压出来。这样的时刻往往出现在心力交瘁、放松警惕的时候。这一法则也可以解释为什么富于创造力的人往往易于消沉----放松警惕是一种生化反应。黑暗中的灯光更加耀眼，这个时候我们会全神贯注甚至于忘掉自我。注意到这种真理意识我们会更痛苦，但这又是通往更深次意识的必由之路。

我们需要关注这些更深层次的意识，关注这些让我们开悟的意识，因为这会指给我们一条康庄大道。

我认为艺术，比如绘画和诗歌可以引导我们见到心中渴望的牛。热爱艺术，我们就会免于消沉以至于自杀，就不会去吸毒、溺水，我们可以此明心见性。下面老子《道德经》的人生“三宝”教给我们处世为人之道，有了它，在纷繁复杂的尘世间则能做到淡然怡然。老子是这么说的：

我有三宝，

持而保之。

一曰慈，二曰俭，

三曰不敢为天下先。

慈故能勇；

俭故能广；

不敢为天下先，

故能成器长。

今舍慈且勇；

舍俭且广；

舍后且先；

死矣！

夫慈以战则胜，

以守则固。

天将救之，

以慈卫之。

如果内在的我得不到警惕，我们自身则无法得以保全。

-

---沙漠教父

第五章　　得牛

竭尽神通获得渠，

心强力壮卒难除。

有时纔到高原上，

又入烟云深处居。

我是通过调整好呼吸才捉住吉尔的。我手拿绳编笼头向她靠近，跪在地上，看着她的眼睛，呼吸急促、气喘吁吁。通过观察奶牛场的小母牛和成年母牛我就发现，如果有什么东西吸引住了它们的注意力，它们就会猛烈地呼气----好像要把肺都呼出来似的，然后慢慢地吸气，接着慢慢地朝吸引它们注意力的东西走过去。原来可能是草丛中一只兔子，蹲在从树上掉下来的一个苹果旁；也可能是电网发出的嗡嗡声。牛喘着气慢慢地走过去，急促地呼气，慢慢地吸气。兔子跑远，苹果被牛吃掉，可是电网就在那里等着，常常会给牛一个电击。春天，我们起初把小母牛在牧场上放养，它们探索新家的时候，这种情况就会发生。

我朝吉尔靠拢。听到我的呼吸，她双耳前倾。她也开始用鼻孔吹气，慢慢吸气，然后朝我跨前一步。她会离我很近，近得来我都能闻到呼吸中草的清香。她试着用鼻子蹭我的鼻子。

于是我飞身骑上牛脖子，双脚离地，竭尽全力试图把她控制住。也不知那时我有没有90磅重，她脖子上带着我这人肉项圈，撒腿就跑。跑出几码远之后，我双脚紧紧踏在地上，但常常还是控制不了她。我放开她，一只手紧紧攥着绳编笼头，试图罩住她的耳朵和脖子，我仿佛就是一个独臂骑士。若是不能让她停下来，或者是我跌倒了，或者没有给她套上笼头，就只好从头再来：悄悄靠近，调整呼吸，趁她靠近飞身跨上牛脖子，试着把笼头套上。好在她记性不好：只要等上一个小时，她就又会对我产生好奇，被我蒙骗，向我走过来，仿佛刚才什么都没有发生过一样。

倘若给她套上了笼头，我就会放开她，双手紧紧抓住牵牛绳。她的体重大约有600磅，因此我常常拽不过她。我不会松手，结果就是被她拽着满牧场地跑，我眼前闪过一片片蒲公英、金凤花和蓟花，还有一堆堆被太阳晒干的牛粪----有的还没有怎么晒干。那个夏天，我穿的每一件衬衣都染成了绿色----让草和牛粪染成的绿色。

吉尔拽着我终于累了。我依旧拉紧牵牛绳，趁她缓过气又要开跑的时候，我就站起来。在草地上拉雪橇似的几个来回拖拉之后，她不再坚持。要是离栅栏柱很近，我就把绳子拴在上边，收短绳子，拴成半活结。

文学作品常常假借牛为心性（即思想）的意象。正如我在引言中提到的，思想是一个比较宽泛的概念，它包括个人的生活或者自身。其实这些东西都是想象力的产物。紧紧抓住思想或者生活不放是我们存在的重要挑战：很多人追逐梦想并试图紧紧抓住不放手，结果陷入了痛苦与虚幻的无限循环中。他们有所不知的是，他们成了自己为自己确立的目标

（他们所谓的生活）的牺牲品。我们过生活，这无可厚非：我们学习、婚嫁、照料家庭，我们获得“物质财富”、建设家园、创造生活，这都无可指责。对生活理念的执着，对物质无止境的渴望是我们痛苦的根源。捉住牛并不是最终目的，那只是最终把我们渴望捉住的牛松开的关键一步。这才是快乐、安详与从容的秘诀。

知雄守雌、以柔克刚；守弱知强，野兽服降。

----沙漠教父：圣·安东尼

第六章　驯牛

鞭索时时不离身，

恐伊纵步入埃尘。

相将牧得纯和也，

羁锁无抑自随人。

第一个星期，我会让吉尔在绳子上挣扎一番。大约过了一个小时，我就用马梳给它刷毛----这会刺痛她，因为她的毛发粗糙，上面又满是带刺的野蔷薇。我给她一桶谷物----这显然是她喜欢的，但只要我在旁边她就不会吃。吃完谷物我就把笼头从她的头上取下来，她撒腿就跑。后来她明白了我的出现就意味着有谷物吃，还可以享受刷毛的快乐。

一个星期之后，即使我走近吉尔，她也不会跑开。我可以给她戴上笼头，之后她才会拖着我在牧场上奔跑。几个星期之后，在双方都遭受几多磕碰、几多擦挂以后，我们俩学会了相互配合。我可以用牛绳牵着她走，或者把她拴在某个地方、给它喂食、刷毛。由于每天刷毛，加上高蛋白的谷物，她的皮毛开始发亮。但是对她的驯化与调教远未结束，我对她的适应也还有待继续。

为了让吉尔参加地区奶牛展览会，我必须学会以一种特殊的方式来牵引她。 我的父亲曾是一位专业的奶牛展览主持人。他站在一块锯木屑场地上，让我牵着吉尔转圈，我就引着吉尔按照父亲教的手势走走停停。

父亲教我脸朝后，站在牛的左边。我左手握住绳子靠近她下颚的地方，右手挽着绳子的其余部分。我慢慢地、轻手轻脚地往后走，吉尔就往前走；她对我手上的用力极为敏感，我们俩就像是随着父亲的手势翩翩起舞的一个整体。父亲教我，让她停下来的时候，她的两个前踢要非常靠近，左后腿在右后腿的前面。父亲要我握紧右手，轻推牛的左肩，这样的话，牛的脊背不至于向下塌陷，相反，从双肩到牛的尾骨会形成一条直线。

比起带领牛在展览场展览所掌握的技巧来，我从这当中所领悟到的东西更有深意，也更为有趣。要吉尔训练有素，我自己得训练有素；要吉尔动作娴熟，我自己得动作娴熟。我们彼此熟悉、了解、适应对方，直至融为一个整体。我们一起操练、协调配合，到后来我无须笼头就可以指挥她----不需要把绳子紧紧拴在她的脖子上，她会心甘情愿地服从我的指挥。

欲服牛者先自服，欲服人者先服己。

展览会前几天，父亲拿出给牛剪毛的大剪刀，教我如何修剪从脖子到肩部的毛，这样可以让牛的肩胛线不至于曝露出来。牛头、乳房和尾部的长毛一并剪去，她即刻焕然一新。原先那头毛发粗糙、皮肤上蛆虫滋生的小野兽，一下成了皮肤光滑、高贵华丽的同类娇娇，真可谓是一个华丽的嬗变。

1959 年 7 月的第一周，地区奶牛展览会在当地展场举行。当地大约一百头格恩西牛用拖车、卡车陆续运抵，卸下之后关进锯木削和刨花铺就的牲口棚里，偌大的牲口棚里弥漫着雪松和冷杉的芳香。三个牲口棚与大型中央展区相连，每个大棚可以圈养 50 头左右的牛。

我把吉尔装上拖车，牢牢地系在一个金属环上，使其在运输途中不能自由走动。吉尔被送到一个关着大多数小母牛的牲口棚，她显得极不情愿。那天晚上我又给她洗了个澡，除去身上从头到脚的每一块皮削。父亲教我如何清洗牛尾、漂白、刷毛，直至其看上去犹如棉花糖。第二天早上，大约三十头一岁年龄小母牛出列展示。裁判站在展场中央，一根手指举过头顶、不停地画圆，我们就随着他手指的示意转圈。我（领着吉尔）走进展场，吉尔因为害怕，也许更是因为惊愕，眼睛睁得圆圆的，戴着口罩的牛鼻从我手上挣脱、扬起来；她猛地呼气、缓缓吸气，一如既往地以此接近新环境。我奋力将她的头往下拉，她还是配合我：随我一起走动，直到裁判示意停下来；照父亲教我的，我让吉尔的四条腿在停下时处于恰当的位置。

裁判在场地上围着牛转圈，仔细观察每一头牛，时不时轻声地向牵牛人提一个问题。我猜想他是在问牛的出生日期，这一点对最终裁决会有很大的影响。他朝我走过来，没有停留多久就走开了。最后他指着一头牛，这头牛被牵到场地的中央。又有几头牛被挑选出来，从中心往后依次排列。裁判用了很长时间观察最前面的五六头牛，他让其中几头牛交换了位置。他最后指着其余的牛，这些牛顺着前面的队列依次往后排开。吉尔，还有我，被作为第二十九位，也就是倒数第二位选中。绶带颁发给了最优秀的八头牛，我和吉尔无所斩获。当我把吉儿从展场牵下来，回到牛棚的时候，那天下午，当我把吉尔领回家的时候，我都是眼泪汪汪。我尝到了屈辱的滋味，学到了变得驯服的一课。

我们一旦有了责任意识，就会意识到我们的生活与我们自己无关。为了驯服牛，我们必须学会换位思考，学会设身处地替另一个与我们同样有情有感的生命体想一想，哪怕是一天、一星期、一个月、甚至是一个季度抽出一两个小时来想一想。能否担负起关心别人的重担是检验我们的试金石。我们干家务杂活、听从命令、顺从主人；我们也试图驯服抵抗、憎恨我们的人。当然，如果别人不顺从我们、不遵守我们制定的规则、不听我们的指令，我们就会失望、气馁。我们自以为自己很重要，自以为自己就是这个宇宙的主宰和中心，只要抱着这样的观念不放，我们注定要遭受痛苦。

面对失落与受限，我们会发现生活不属于自己。我们愈能接收这些局限性，就愈加能够发现心灵的平静与控制欲、权利欲之间的关系。在学习驯服动物的过程中我所学到的最重要的经验就是：我愈淡定、愈放松，动物就会愈驯服。这真可以说是宁静致远、以静制动。

第七章　骑牛回家

骑牛迤逦欲还家，

羌笛声声送晚霞。

一拍一歌无限意，

知音何必鼓唇牙。

在青少年时期接下来的几年里，我领着吉尔所生育的女儿们去参加各种各样的展览会。在上中学高年级时，我领着八头牛先后参加了包括国家级展会在内的总共四场展览会。这些都是农业展览会，奶牛是按照品种优劣标准来衡量的，目的是通过强化牛的身体特征以促进品种的质量，大家认为这样有助于增加产奶量。对牛的评判包括四个方面：体型大小、哺乳系统、腿脚以及牛所属品种。体型方面强调心肺功能；哺乳系统强调奶头的位置以及乳房大小是否与设计的挤奶器相匹配；牛的腿脚被认为对其在牛棚的水泥地上的生存能力很重要；品种特征查找基因缺陷，该品种的乳牛不能出现鹦鹉嘴----格恩西奶牛有时会出现这种情况。

不仅要参加乳牛展览会，国家评级师每年还要深入奶牛场，对每一头奶牛按照百分制进行评级打分。美国格恩西奶牛俱乐部不仅负责对所有格恩西牛的登记注册，还保存每一头牛评级得分的结果数据----很少有牛达到或超过 90 分。我们家有两头牛获此殊誉，其中一头就是诞下戴利小伙的丹尼-戴尔·巴斯特家大美人。戴利小伙进入了有史以来最优秀的格恩西牛前 50 名的行列。

后来我才意识到，我们参与的是优生学。人们侍养奶牛并不看重促进牛本身的质量，而是要尽量满足人为制定的一套标准，这些标准是按照工程学、建筑学以及人们的营养需求标准和价值观来制定的。今天的美国农场上已几乎见不到格恩西牛的影踪----霍尔斯坦因牛产奶量更高，人们的饮食标准也不再需要如此多的乳脂了。格恩西奶牛由于被认定为劣质的牛而遭遇了一场大劫难，其基因差不多从奶牛基因库中消失了。

成年之初我便放弃了成为奶牛场主的梦想。我知道格恩西品种的牛无法继续生存，也不可能参与更广泛的市场竞争；我早就发现格恩西奶牛场主们转而开始侍养其他品种的牛。不祥之兆已经开始显现----好在我人年轻，有很多可以选择的机会。我把牛卖掉，集中精力完成学业。我开始骑牛回家。

每当创造的生活开始发生变化的时候，我们不会挣扎以维持其不变，而是允许真实生活的来临。在卖掉牛之后不久，我遇到一位名叫约翰·弗雷慢的神职人员，他收纳了我，用圣经语言对我进行指导。他鼓励我参加大学及神学院的学习，掌握更多的语言。他是引领我学习阿拉姆语----耶稣所使用的语言的第一人，这后来成为我的专业。七年时间里，无论发生什么事情，他每周都会给我打电话、写信或者亲自进行指导，这是一种牢固的、格式化的师徒关系。若不是把牛卖掉，这一切都不可能发生，我以一种隐喻的方式开始骑牛回家。

若不是走上这条路，我永远也发现不了语言学、神学及精神性带给我的快乐与奇迹。

与这个阶段相对应的是12世纪中国的佛教禅诗，其描述牧童骑在牛背上，吹着竹笛，引得众人驻足侧目。对于我来说，这个竹笛便是语言。我先后学习了希伯来语、希腊语、拉丁语、科普特语、阿拉伯语以及其他多种语言，每一种语言都有着各自的音乐和旋律。当我听出了叙利亚语的内在的声音，感受到其韵律的时候，我简直是陶醉了----叙利亚语与耶稣所使用的语言非常接近，属于阿拉姆语的一种方言。着手练习发音的时候，我产生了进一步学习这种语言的愿望。我终于下决心申请去牛津大学做短时研究。牛津大学图书馆管理员梅博士给了我一个去牛津大学研究叙利亚语 / 阿拉姆语原稿的机会（梅博士当时在华盛顿特区的史密森协会负责一个项目）。

在牛津大学第一周，完成常规程序及研究定向之后，我得到图书馆一个小办公间。作了一些调查了解之后，我要了一份手稿来做研究。手稿只有几页，每页用两块玻璃夹住，边上用黑带封住。在着手翻译文本之前，我小心翼翼地拿着这些玻璃板仔细揣摩，力争不漏掉任何的细节：研究墨迹和羊皮纸的特性，测量每一页的大小，数有多少行，捉摸每一页边上的标注、印记。开始翻译之后，我很快就发现这是一种诗歌体。慢慢地越来越多的证据开始显示出我所翻译的是古代波斯索罗亚斯德教（又称“拜火教”）经文文本----这是一个波斯人信仰的崇拜火的宗教。索罗亚斯德与释迦牟尼佛生活在大致同一个时代，在公元前5世纪，他是另一个源于印度的叫作密特拉教的改革者(注：密特拉教是奉祀密特拉神的宗教， 纪元后最初3世纪内传至罗马帝国)。信仰索罗亚斯德教的人研究星象奇观，以口头的形式秘密传播其宗教信仰，他们的牧师被叫作“贤哲”或“贤士”。根据《福音书》的记载，有三位从东方来的“贤士”（又被称作“东方三博士”） 在耶稣基督出生時前来朝拜耶稣、并带给他三件礼物。由于索罗亚斯德教留下的文字记录寥寥无几，发现这个文本让我激动不已。

完成了对这份手稿文本的研究，一天下午我在图书馆一些办公室转悠，发现了一些关于一份未编目的叙利亚语手稿的参考资料，这份手稿是在大约 90 年前捐赠给牛津大学的。我要求看看这份手稿，于是手稿被送到我面前，同样是用玻璃封住。这么处理是为了让我在触摸玻璃板时不至于损毁下边的羊皮纸。这份手稿让我更加兴奋----它讲的是基督教的内容，而且是六世纪时安提俄克的塞维鲁布道经文中丢手的几页，塞维鲁在叙利亚界曾是一位非常重要的东正教神学家。

一年后我回到了美国，并立即开始在俄勒冈州波特兰地区寻找一位叙利亚牧师。这之前几年我就听说，在波特兰地区有一个讲叙利亚语的小型基督徒社区，他们来自巴格达和伯利恒。我找到一个地址，但已经过时弃用了。开车在波特兰东南边转悠，我注意到一个希腊人的东正教教堂。我敲开房门，心里想这位牧师或许就住在这里。我想也许他认识波特兰地区其他东正教牧师，或者能帮我找到一位叙利亚牧师。我想问一些有关安提俄克的塞维鲁的问题。结果这位希腊牧师对叙利亚人社区的情况一无所知。

不知何故我横过公路，来到对街。我注意到一家房屋的窗户上有中东基督教符号的东西。我敲了敲房门，一个妇女应声开门。我用阿拉伯语问她是否知道在波特兰的一个叙利亚人基督徒社区，是否认识一位叙利亚牧师。她微微一笑，用极不流利的英语告诉我说她认识，她的丈夫和她本人就是叙利亚基督徒。我以为她没有听懂我的意思，于是我又问了一遍。“进来吧，来与我丈夫说话。”

走进屋里，我看到的是一位敦实、愉快的男人----在我看来他像是巴勒斯坦人。我冲口而出“你知道有关安提俄克的塞维鲁的情况吗？”他镇定地说：“知道！你想了解什么？”我几乎不能相信自己的耳朵：在俄勒冈州波特兰市的千家万户中，我闯入随意挑选的一户人家，就找到了一位能够告诉我有关一位生活在公元六世纪的、并非特别知名的神学家的情况，这岂不正是踏破铁鞋无觅处得来全不费工夫？

我们一起坐下，这才发现在波特兰并没有叙利亚牧师，但有一个叙利亚人的小型社区。他自我介绍名叫舒克里·雅各布，是这些来自伯利恒、黎巴嫩及巴格达人家庭组成的一个团体的执事。整个下午我们都在谈论有关塞维鲁和叙利亚语言的事，这是一个15年友谊的开端。这期间，雅各布被任命为社区牧师；我则加入教堂，后来又帮助购买了一幢建筑。他把我训练成一位执事，又过了几年，参加了我在新泽西州的神职任命。五年之后，我参加并共同操持了他的葬礼。，

骑牛回家，像神父雅各布这样的人们开始聚拢在我身边。来自全世界学术机构、教堂、社区的众多人们组成了一个人际网络，他们都在聆听阿拉姆语人用竹笛吹出的美妙乐音。

1989年我参与了在波特兰市弗拉维尔街东南边一幢教堂建筑的挑选与购买工作。A.Y.塞缪尔大主教参与并操持了教堂祭献的全过程。八年前我去缩微拍摄叙利亚语／阿拉姆语手稿的时候在耶路撒冷见过塞缪尔大主教，手稿的缩影胶片

现在收藏于芝加哥大学。塞缪尔大主教因曾经拥有《死海古卷》而声名显赫。（注：《死海古卷》在公元 1947 年出土于死海西北端的昆兰地区，为现今最古老的犹太文献手稿。）塞缪尔大主教以 125 美元的价格从牧羊人家里购得古卷。他主要负责鉴定古卷的形成年代和重要程度。那个时候耶路撒冷的许多机构都认为这些经卷是赝品。1948 年耶路撒冷战争爆发之时，他带着包括著名的《以赛亚古卷》在内的五部古卷原稿逃回到美国，几年以后，他又以二十五万美元的价格把这些古卷回卖给以色列。

塞缪尔主教和我成为至交。好几个夏天，我们在中东共同经历了许多的冒险，而他为我开起了许多方便之门。

波特兰的教堂祭献仪式之后，在雅各布家后院里，我站在塞缪尔主教的身旁。不知何故我问主教："您为我做了这么多，不知我当以何为报？"他看看我，没有任何犹豫，立刻就说："做我的牧师。"

这是一个神圣的的时刻。我知道此时此地我必须作出决定，我也意识到我的回答将改变我的余生。我回答道："好的。您要我干什么？我应当去哪里？"

接下来的几天里主教为我制定计划，安排我去土耳其东南部一家建于公元 397 年的修道院学习神职授任，那里是地球上仅存的几个还在讲耶稣语言的地方之一。几个月之后我到了莫尔·加百利修道院，时间是 1990 年 8 月 2 号，那正是萨达姆·侯赛因入侵科威特的日子。过了几个星期，或者说是几个月我逐渐意识到我已到了战争地带，很有可能接下来的几年时间里我都会与这些人生活在一起。

我的生活不可能再回到从前。一个人在冲突、战争和危机中学到的东西，要远远胜过他在其他任何一个自己无法掌控自己的场合所学到的。他属于别人，他的生存取决于从自我向他人的转换。那些最自私的、最是以自我为中心的人无法生存，他们是最先死去的人。

你的生活与你无关，我的生活与我无关。如果我没有把牛卖掉，没有把牛骑回家，回到一个我从来无法想象、也不敢想象的地方，这一切都不可能发生。

来沮之亚·西蒙院长向西索斯院长说："我一阅读圣经，我的心即完全贯注在字句内，假如有人问我，我能讲出道理来。"西索斯老人回应说："那倒未必，你最好去除忧虑、净化心灵、充实自身方可。"

----沙漠教父

第八章　人存牛忘

骑牛已得到家山，

牛也空兮人也闲。

红日三竿犹作梦，

鞭绳空顿草堂间。

莫尔·加百利修道院养着 14 头霍尔斯坦因奶牛，这些牛晚上关在厨房下边的石头圈棚里，而厨房是尼姑们生活和劳动的地方。

莫尔·加百利修道院有一百多个房间，大约 70 口人，其中包括主教、5 个和尚、主教的男秘书及家眷、15 个尼姑、30 到 40 个从附近基督徒村庄来的孩子，孩子们要在这里学习几年的礼拜仪式和教规，还有就是访问学者以及像我这样的研修人员。这里更像是一个村庄，而不是西方人所认为的与世隔绝的单性人社区。

修道院建在一片石灰岩高地上，距离叙利亚、伊拉克和土耳其三国交界的地方只有几英里远。这里靠近连接伊斯塔布尔和中国的古丝绸之路，好几百年里托运货物的骆驼队和马帮行走在这条路上。这个地区的人主要是库尔德人，他们既不是阿拉伯人也不是波斯人，而是一个野蛮好斗的民族，这是一群唯利是图的人。他们过着半游牧部落的生活，遭土耳其人憎恨，又不受任何人的喜欢。就在我到那里去之前两年，萨达姆曾在他们身上做生化武器试验。虽然过的是半游牧部落的生活，他们也从事大量的农耕：种植小麦、放牧山羊、还侍养少量的绵羊。

修道院是少有的几个侍养奶牛的地方之一。尼姑们每天给这些牛挤两次奶，早上把牛放到外边的牧场去，晚上把它们关起来。兽医每年来给这些牛注射两三次疫苗。总的说来这些牛都很听话：尼姑用手挤奶，不必把它们用绳子捆起来或者用支柱将它们固定住。可是兽医到来的时候这些牛就会撒野，尼姑们根本无法控制。

蒂莫蒂·阿克塔斯主教就像治理一个小小王国一样统治着修道院，他是一切的主宰。作为土耳其主教，他对所有的基督徒都拥有完全的、至高无上的司法权。远远近近的人们都来找他解决争端。他的话就是法律，当地政府认可其决定性作用。一切的决定都由他作出，所有的人都听他的----就是这些奶牛不听他的。尼姑们向主教抱怨说她们无法控制住奶牛，他听说我熟悉奶牛，就叫人来找我。这是我初到修道院的第一个月。他问我能否帮忙控制住需要注射疫苗的奶牛，我回答说愿意提供帮助。我们一起从他的客厅来到下边的院坝，兽医正在那里等着。尼姑们惊慌失措，主教转向我说："约翰，你能够控制住那头牛吗？"我面对的是一头重达1300 磅的霍尔斯坦因牛。我把牛逼到角落里，一只手臂挽住牛脖子，另一只手的手指抓住牛鼻子往上提----这是我多年前学到的一个技巧：为了让兽医给小母牛锯掉牛角，需要把她们控制住并拽进牛棚。手指陷进两个牛鼻孔，紧紧掐住往上提，牛就会静止不动，另外一个人就有足够的时间过来戴上笼头。

我以为一个尼姑会过来给牛戴上笼头。我没有想到的是他们只有绳子，根本就没有笼头，而且他们并没有向我控制住的牛靠拢。牛开始反抗，朝院坝中央移动，我更加用力往上提牛鼻。让我吃惊的是牛头在空中拧动，牛一下子失去平衡，摔倒在地上。兽医手拿注射器冲过来给牛打了一针，惊吓中的牛蹒跚着站起来，迷迷糊糊地朝牛棚走去。主教捧腹大笑，从此教我“gaboro”，在阿拉姆语里大概就是超人的意思。

从与“人存牛忘”这个阶段相对应的禅诗中我们知道，牧牛人把绳子与鞭子抛在了一边。从隐喻的角度来说，人的心通过纪律的约束和修持已经得到驯化。我们又回到了家里，找到了家的安慰，可是我们已经发生了深刻的变化。我们学会了唱一首新的歌曲，却几乎没有意识到牛已经消失在牛棚里。我们发现自己是孤独的、是不同的同时仍然又是相同的。

在莫尔·加百利修道院的第一年，虽然我以前从未去过那里，却有一种回到家的感觉。我感受到平静和纪律，感受到生活发生了深刻的变化。修道院的生活一度杂乱无序，我们处在戒严令下。海湾战争开始了，战争又结束了。成千上万的难民来到这里。修道院成为向逃离战争地带的库尔德人派发物资的中转站，成千上万吨的医疗设施、帐篷、鞋及货物的从这里发出去。我们夜以继日地为越来越多的难民提供服务，我几乎每天都要到访的一个难民营达到 16 万人。每个星期，大使官员、非政府组织及政府官员都要来访，向我们提出一些不可能得到满足的要求。

在这一切的一切当中，我们的牛消失了。

综合效应开始显现。为了修道院的声誉，必须强化修道院自身的生活与节奏。日出之前修道院的铃声就会响起，夜色中所有人员聚集到礼拜堂，祷告一个半小时。之后回到各自的房间，等到铃声再次响起就去餐厅用餐。上午几个小时各自干自己的事。我有时候替主教写信，或者将难民物资送到难民营，或者辅助主教主持会议。铃声再次响起便是午间祷告，然后吃午餐；下午劳动或学习，铃声又一次响起之时，便是晚间祷告，然后吃晚餐。

我喜欢修道院的生活，我感到生活有圆心、平静。不管生活多么的杂乱无章、多么的疯狂，在风暴的中心总有一个平静的风眼。我不必奋斗与抗争，我属于比自身更大的群体的一部分，我可以把牧牛的绳子与鞭子高高挂起。学习与劳动、冥想与祷告、吃饭与睡觉，这一切就像呼吸一样自然----修道院的生活就是我的呼吸。

我的生活并不属于我自己。我属于主教，属于这个社区，我属于一种正引导我们去实现更大的目标的意识。修道院没有自私与自我中心的空间，我们和他人的生存都依赖于此。

有时候卡车会在凌晨三点钟到来，某位官员会要求立即将物资送到附近伊拉克山区的某个地方。无论是小孩或是成人，无论是尼姑或是和尚，也不论是牧师或是学者，我们都会立即起床。要我们做什么我们就做什么，没有怨言，只是偶尔问一声，但我们片刻也不曾想到自己。我们的生活不属于我们自己，这就是我们的生活，这就是我们的修持。

有的时候我们一天工作 18 到 20 个小时，可是在如此繁忙的生活中，我们都从没有放弃庙宇生活的关键环节。有时候我甚至觉得自己就像一个毫无生气、动作呆板的僵尸。这个时候，我的自我就像牛一样消失了，留下的是一片空白。

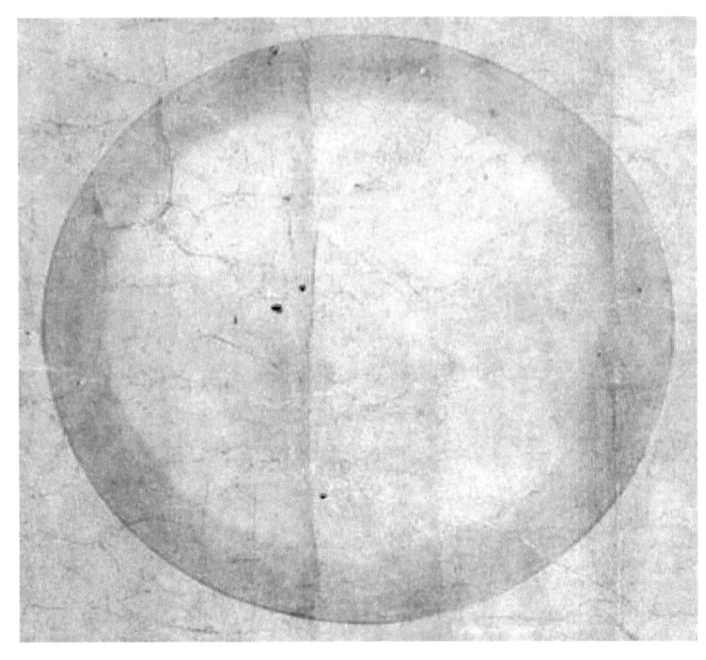

让我们热爱静默，直至世界在我们心中死去。让我们永远铭记死亡，并以此走近我们心中的上帝----世间的欢乐我们不屑一顾。

叙利亚：圣艾萨克

第九章　　人牛俱忘

鞭索人牛尽属空，

碧天寥廓信难通。

红炉焰上争容雪，

到此方能合祖宗。

没有什么比面对死亡更能集中一个人的心智。有时候我会试图穿过大桥进入伊拉克，而库尔德人自己任命的卫兵会阻止我。我常常给他们一罐维生素作为软贿赂，请他们放行。有一天卫兵不愿意让我通过，我一个变速开始过桥。卫兵举起步枪。我加速冲过大桥，枪声在后边响起。好久以后我才感到有点后怕，当时只觉得兴奋，仿佛有一种超意识。

在接下来的几个月里，几乎每周都有人向我开枪。有一次我的车上坐着一位名叫艾德艾普的门诺派代表。我们给一个难民营送了邮件和药品，黑夜里正往回赶。公路上一个卫兵叫我们停下，告诉我们前边有一位狙击手。他要我们关掉车灯，加速行驶。我们在山间公路上行进，路的一边是岩壁，另一边是峡谷，关掉车灯开快车，似乎就是灾难的代名词。我们听到了枪声，艾德大叫：开启车灯，我们赶紧离开这里！” 黑灯瞎火的在这些山涧峡谷中开车无异于盲人骑瞎马、夜半临深池，我们的心跳比车轮转得还要快。

第二年的七月我回到了美国，在新泽西州的圣马克叙利亚东正教教堂接受神职受任。我住在萨缪尔大主教家里，情绪低落，心情比面对死亡时还要糟糕。我们挽救了难民营里成千上万人的生命，每一天都充满了危险与兴奋。在土耳其东南部偏远的山区、在伊拉克，我见到了一生中见过的最有趣的人：有美国有线新闻网和英国广播公司的记者，还有英国、荷兰、德国的大使们，还有我仅仅从书中图片上见过的学者。有人曾经向我开枪，违背我的意愿，也有人曾经折磨我，威胁我。然而我觉得自己属于某个神圣使命的一部分，属于一个更伟大的事件、更高的目标的一部分，这一切使得我的生活毫无意义却又意义非凡。我曾生活在不同寻常的人中间，他们比我更勇敢、更高尚。现在这一切都离我远去了。我又回到了热衷于消费和物资追求的土地上，这比面对死亡更糟糕。

糟糕的心情始于有一天我带一位和尚去吃麦当劳。和尚名叫本杰明----此人现在是瑞典的一位主教。他是第一次见到那样的场合。那天我先送他去一个小型学院注册上课，回来的路上他求我带他去麦当劳买一份汉堡包，他的理由是要练习英语。我很忙，于是我们把车开到一家免下车餐馆。我在喇叭盒前停下来，转身问他想要什么，进而要他冲着喇叭盒说出来。他似乎有些不解，但还是照我说的做了。我们来到另一个窗口前停下，当见到一份巨无霸汉堡包、可乐和炸薯条等候在他面前时，和尚惊呆了，他觉得这简直不可思议。

第二周我们从学院回来，他又问我能否停下去买一份汉堡包。我还是很忙，于是像上周一样我把车开到一家免下车餐馆。本杰明求我还是让他冲喇叭盒说话，并向我保证说他知道该怎么做，知道该说什么。

他把身子从我大腿上面斜过去，冲喇叭盒喊到：“我要一份巨无霸汉堡包、大号可乐、一小份炸薯条。”他非常的洋洋自得，像上周一样等待着回复，不过这一次等来的是沉默。他把要的东西又喊了一遍，等待回复。在等来长长的沉默之后，终于有一个妇女的声音冷冷地说道：“这里不是麦当劳，这里是汉堡王。我们这里不卖巨无霸汉堡包。”

我换了所要东西的说法，从喇叭盒的另一端向女孩道歉，然后开车离去。和尚坐在我的身旁，感到非常的困惑，又有些尴尬。

这样的时刻很滑稽，却让我感到悲哀。我给本杰明解释说有不同的快餐食品店，而不同的店针对自己的食品都有自己的一套词汇。但是在内心深处我觉得存在毫无意义，我再也感受不到存在----我的一部分已经死去。

我被任命在纽约一家教堂作几个月的临时牧师，但我的心已经回到莫尔·加百利修道院。在回到美国的这几个月里，我是蒂莫蒂·阿克塔斯主教向“美国基督教会联合会”派出的委托代理人。我出席会议，面见官员，制定在莫尔·加百利修道院的主教管区内修建奶牛场的计划。计划得到采纳，“美国联合卫理公会”承诺进行资助并为之筹集资金。非常幸运的是“美国联合卫理公会”在纽约的办公室与“美国基督教会联合会”就在同一栋楼里。等回到莫尔·加百利的时候，我已经可以将修建奶牛场的计划和筹资方案交到主教面前。计划要求奶牛经济师对该计划进行评估，并拿出建议。半年以后，我们修道院从威斯康辛州请来一位农场主和他的妻子。这是一段恐怖的经历：农场主和他的妻子不是这个社区的一份子，他们不尊重这里的人，也不参加修道院的祷告与祭拜。

与农场主夫妇的经历让我看到了我以前在美国的生活，也让我想到为什么我不愿再回到美国。

我原先自认为的生活开始消失。我失去了家人和朋友，情绪极度低落以至于想要自杀。我作出非常糟糕的决定，曾经拥有的所有雄心壮志和梦想都已不复存在。在通往获得真正的平静与安宁的旅途中，这一段历程是非常危险的----很难判断正在经历的是健康的发展过程或是正在陷入精神疾病的深渊。在这个阶段，有人引导或者有精神顾问的指导是非常重要的。

幸运的是我每年都得回美国去重签护照，这样才可以回到莫尔·加百利。我意识到我正在经历的旅程中有一些不健康的东西。我申请住在科罗拉多州特拉普派的斯诺马斯修道院，以期返回莫尔·加百利。我还不知道原来‘归心祈祷’神父托马斯·济廷，作为一名退职住持住在修道院里。这一次经历将被证明是意义深刻的重大事件。

到达修道院的时候，我受到热烈的欢迎，有人向我详细介绍如何在这里生活。他们问我喜欢干什么，我就问可否做艺术方面的事，可否在花园里劳动。好些年前我就发现，做木雕活对我来说是一件可以汇聚强大心神的事情。这与写作的直线性特征不同（注：写作的效果不是立即出现的），我只消开始雕塑，效果即可显现。我常常不知道会出现什么样的状况，而这对于我内心思想的调节大有裨益。

在木材加工店里我发现有一大堆碎木块，我就用层压法把一些木块挤压在一起，在另一些木块上雕刻，再把它们组成更大的雕塑。活儿只完成了一部分，托马斯·济廷来到木材加工店，看了看雕塑，他问到："你不会把这个向他人展示吧？"

"如果神父您不乐意的话，我当然就不会向他人展示的。"我正在创作的是一个原生态的人体模型，比"大地母亲女雕塑"更大，没有头，膝盖以下没有腿，手肘以下没有手臂。硕大的乳房、夸张的臀部，简直就是现实版的"大地母亲维纳斯雕像"。看着雕塑我笑了，托马斯·济廷却没有笑。他转过身去，出了木材加工店。

第二天他带着一位精神病医师回来了，来者是修道院的重要赞助人。我心里想："这回可遇到大麻烦了。"济廷神父问精神病医师如何看待这件雕塑，医师说他喜欢，想要买下。济廷神父当下同意。现在想来是他想赶快把雕塑弄出修道院。医师说他购买这件雕塑只有一个条件，那就是我们要把它送到他的家里去。接下来几天我完成了雕塑：给它加上一个石头基座，又在木材堆里找了几根大角鹿骨接上去。其他和尚与我一起将裸体雕塑装上一辆小型皮卡车的后部。道长从修道院里跑出来要我们将雕塑盖上，直到出城。我们照办了，可是做得不是很好：进入阿斯彭镇的时候，就在报社办公室前面，盖的东西被风掀掉了；一个摄影师出来给穿长袍的和尚连同裸体雕塑一起拍了一张照片。我们把雕塑送到医师的家里，安放在他楼上的卧室里。

雕塑成了我和济廷神父之间探讨的话题。它是帮助我领悟内部力量的重要隐喻。雕塑不仅展现了与性别、情欲的抗争，同时也是需要宣泄的同情心、抚育情的流露。它显现出创作者正在接近最原始、最基本的要素，也显示了最基本的意识力量开始初露端倪，同时召唤我在祷告和冥想的时候修持要更加深沉。

我本可以把它叫做天堂

但那只不过是通往天堂的前庭---

+愿芸芸众生尽得幸福无疆+
--罗杰·科尔勒斯

第十章　返本还源

返本还源已费功，

争如直下若盲聋。

庵中不见庵前物，

水自茫茫花自红。

我几度重回莫尔·加百利，回到那个曾经让我惊心动魄的地区。可是那里的情况已然改变，基督徒受到排挤，慢慢被赶出中东。战争的乌云再次笼罩着伊拉克，那里再也不是向往的家园。每一年回到美国的时候我都会住在一个不同的修道院。

沙漠救世主修道院建在新墨西哥州，在圣大菲城的北边，距离美国现代艺术家乔治亚·欧姬芙（注：又译为奥基弗 1887—1986）的家不远。该修道院离主干道有 13 英里远，下雨之后走那条路要冒很大的风险----土路会变得泥泞不堪。就在我到那里去之后不出几个星期，普利策奖获得者、作家安妮·迪拉德与一个和尚师兄下了主干道，行进在这条通往修道院的土路上，她的车底朝天翻进沟里，她也就此结束了性命。

劳伦斯道长是一位筹资大师，一位更换了宗教信仰的罗马天主教徒，也是一位思路开阔、有远见卓识的人。他凭着机制与智慧将一众有着各种缺点的和尚聚集到一起。他待人诚恳，富于同情心，从他身上我受益匪浅。尤其是他让我懂得了：我原以为已经找到了家，其实还没有。我特别渴望住在这家修道院，不愿再回莫尔·加百利。尽管我依然一如既往地爱着莫尔·加百利的一切，但我知道我在那里的日子即将结束了。在沙漠救世主修道院，一种更加深沉的真理开始显现。家并非一个具体的场所，它只是一种存在形式，家无处不在、无时不在。家就在出淤泥的莲花花心里，家是一种坚守同情与善良的意识。家就在沙漠救世主修道院，在这里我第一次接触到这样的人，为了更好地理解基督教他们正认真研究佛教。

在前往亚洲研究基督教与佛教之间的共通性的途中，托马斯·莫顿（1915．1．31-1968．12．10）造访了沙漠救世主修道院。他是同乔治亚·欧姬芙一起来访的，并与这位美国艺术家进行了一次私人谈话。莫顿的父母与欧姬芙的父母在纽约市是朋友，而莫顿本人与这位美国艺术家也维持了一生的友谊。大家除了知道他们俩都怕蛇以外，对他们的谈话内容一无所知。我曾写过一篇短篇故事，虚构了他们俩之间的谈话。

此后我早已将这篇故事遗忘，但那却是我第一次尝试将东西方人的思想观念联系起来。敢于面对恐惧是返本还源的开端，而回避恐惧，尤其是回避非理性的恐惧有碍于我们过上真实的生活。潜意识里我们会倾向于破坏生活中最想得到的东西，而这不利于我们天性的培育。在内心深处我们知道，恐惧会阻止我们触及存在的本源。

沙漠救世主修道院位于查马峡谷中，这里可以说是蛇行遍野。1968 年当莫顿来到这里时，对这一点他一定是清楚的。

我想他当时是来直面恐惧的。大家知道，为了阻挡蛇的进入，欧姬芙在她的住房周围筑起了一道高墙。为此她颇费心机：她叫工人往地下深挖六英尺，从底下往上筑起高墙，又高出地表六英尺。

从神学的角度来说，莫顿作了同样的事情。在其早期写作中流露出他试图努力在其信仰周围筑起一道防蛇的屏障，甚至于人们在听他的演讲的时候也能听出其话语中提防异端邪说、护卫真理的力量。可是在莫顿写诗的时候，人们可以看到他更加深沉、更加真实的一面。在其诗中他深入到了宇宙的本源。他对蛇的恐惧不过是一种更加深沉的、一种本能的恐惧感的外部流露。他敢于以佛教徒的身份去亚洲，这才是他敢于直面恐惧的真正的大智大勇，这表明他愿意直面各种恐惧。

莫顿甚至讲了一个关于面对蛇的恐惧的故事：

> 一个信仰佛教的尼姑看到蛇，于是她问方丈该如何是好，方丈告诉她："到屋里去，别出来。"她又问："如果蛇进屋来该咋办？"方丈说："那么你就仔仔细细地看着所有的蛇：数一数有多少条，告诉我它们有多粗，都是什么颜色的，都在干什么，是如何行动的，它们是如何看着你的，你们相处得咋样。把这一切通通向我汇报。"于是她被独自关在一间屋子里，与蛇共处了一个星期。一周结束之后，方丈进来问到："蛇怎

么样呢？”尼姑回答：“我仔仔细细地看过它们以后，这些蛇都消失得无影无踪了。”

----据传记作家劳伦斯·卡宁汗的报告：托马斯·莫顿在客西马尼给信徒们的讲话。

莫顿在其诗歌中大量写到恐惧。他写道，战争的根源就是恐惧，是自我发现的恐惧。即使在写社会性评论的时候，在他的许多作品中也交织着个人层面的东西：

“所有的人都惧怕另一场风雨，惧怕另一场雷电。”

“我不惧怕，因为有你与我同在；你永远不会将我撇下，让我独自面对危险。”

“勇敢地正视前方，不用害怕：让汹涌的波涛从天际袭来”。

一些研究莫顿的学者，如皮尔森 M· 保罗将莫顿的生活描述为摆脱恐惧的历程。但这不过是对每个普通人生活的描述，因为我们都在经历摆脱恐惧的历程。莫顿的亚洲之行就暗示了彻底摆脱恐惧的方法，那不仅仅是一次身体力行的旅程，也是精神上的心路历程。

托马斯·莫顿是美国诗人、作家兼天主教特拉普派修士。1968 年在一次著名的公共生活事件之后，他偶然辞世，年方 56 岁。

莫顿历经丧失亲人之痛：他六岁丧母，十六岁丧父，在他三十岁的时候，哥哥又撒手人寰。在哥伦比亚大学获得硕士学位之后，就在他开始学者生涯的时候，由于受到有思想、有学识的朋友的影响，他转而信仰天主教。没过几年，他就在肯塔基州一家修道院入了一个天主教隐修会的严规熙笃会。在那里，他创作了大量的文章、诗歌和小说。他成了国际演说家和社会活动家。

在大学一年级的时候我经历了一段时间的惊慌与恐惧。秋季班（注：在圣诞节来临时结束）放假以后，我从西海岸坐火车到了芝加哥，又坐汽车到了肯塔基州的客西马尼，来到莫顿居住的修道院----只是我到得太晚。1968 年 12 月 10 号，他在泰国入浴的时候，因劣质电风扇掉进水里，莫顿触电身亡，此时他的尸体刚从泰国运回。

此前我一直在读莫顿的传记《七重山》和他的另外几本书。我想，要是我能当面告诉他我能应对恐惧和失败情绪，那该有多好。在传记的结尾处他这样写到：

> *只要你愿意体验我的痛苦、我的孤独和贫穷的滋味，我愿把你带到快乐的山巅，你会死在我的怀里，发现我悲悯中的一切，这就是你被创造的目的……你会成为神的兄弟并了解以自毁照亮人类的基督。*

我渴望这样的承诺，我需要有人指点，让我找到这条大道。我走上了一条路，见到了牛的踪迹，瞥见了莫顿作品中的牛。但是这头牛和我都还没有消失，它们阻碍着我对本源的探索。除了读他的作品，我没有见到莫顿本人，也许这是一件好事。也许即使与他交谈，那时的我也无法理解本源----我在寻求的是重要问题的、非一般意义的答案。任何答案的纠结之处在于，它被问题本身隐藏起来，寻求答案的人无法看见。任何问题都会审查哪些信息是可以认可、哪些又是不能认可的。语言和思想就像一个筛子，被它屏蔽掉的东西要多于漏过去获得通过的。每一个问题都以微妙而又深刻的方式决定着其答案。要找到人生重大问题的答案几乎是不可能的，其答案只能来自本源，这就要求人们必须超越问题与答案，进入真我的真意识。这只有从修持、纪录和经验从中获得。那时的我太过年轻，不可能理解我渴求的东西。

然而我也意识到，我的生活与我无关。我的深沉意识告诉我，我正骑在牛背上，而这头牛我无法控制。我直觉地意识到，有一个本源，那才是我内心世界的归属。我渴望寻找、得到这个本源，渴望拥有、回归这个本源，可正是我的渴望阻碍着我返本还源，还原归真。

有时候，我们一旦意识到生活与自己无关，就需要耐心地等待，直到被这个意识完全、紧紧地拥抱----甚至或许要等上几年的时间。平静与淡定可以让我们穿越苦难与考验的丛林，让我们跨越高山与峡谷----也许那里的涧水太过冰凉，无法饮用。对返本还源的渴望之火不会熄灭，除非待到太阳从古老的山巅升起，驱散阴霾、将冰冻的山涧之水升腾为真意与本我的火焰。

我要成全你，让你成为美的天使----此乃上帝之初衷。

--麦克唐纳乔治著《卢西侯爵》（第二十二章）

“每个人都可以伟大，因为每个人都可以服务于人。这不需要诱人的文凭，也不需要豪言壮语……他所需要的不过是一颗美的心灵，需要的是一个因爱而升华的灵魂。

----小马丁·路德·金

第十一章　服务于人

露胸跣足入廛来，

抹土涂灰笑满腮。

不用神仙真秘诀，

直教枯木放花开。

过去五年里，我一直在多米尼加共和国工作：生活在穷人中间，为身患艾滋病和感染艾滋病病毒的妇女儿童服务、修建学校、帮助抚养孤儿。这样的生活让我感到非常如意。

这可以用一则叫作《乞丐的教训》的寓言来做最好的诠释，寓言的出处无从考证：

“有个富人叫他的仆人去赶集，在集市上仆人遇上了一个乞丐。乞丐双膝跪地，大声央求：“求求您，先生，可否把您主人的钱赏我一点买点东西吃？”仆人回答：“你为我家主人做了什么？为什么我要把主人的钱给你？在这个世上，除了卑躬屈膝地跪在我脚下乞讨，难道你就没有别的事情可做了吗？”仆人走开了，一个子儿也没有给乞丐，因为仆人自己并无可给与的东西。可是乞丐跟在仆人的身后，来到了富人家里。他开始在主人的田里免费劳动：锄草、播种、浇水、给葡萄藤修枝剪叶。到了收获的季节，他采摘葡萄，榨汁酿酒。富人听说了乞丐所做的一切，就让仆人把乞丐叫来。

他问主人："我该如何对待这个乞丐？"富人答到："他从此再也不是乞丐，而是我的儿子。把他带到我的家里，我要与他一起用餐！"

一开始我们都是乞丐，我们苦苦地索取财物，似乎这是理所当然的事。要是聪明的话我们不再乞讨，而是回到原点，开始服务于他人，不要想着报酬和权利。只有在经历了时间与本性的考验，在丰收之后才会有人来把我们带到真正的财富面前。我们耐心地等待，不要期盼有仆人来叫我们。只有在这样的时候，我们才会受到迎候，才能收获没有欲望的财富。

《乞丐的教训》让我想起回头浪子的故事：

卢克 15：11-24

【11】耶稣继续说："过去有个人，他有俩个儿子。
【12】小儿子对父亲说：'父亲，把我的那份财产分给我吧。'于是父亲给他们平分了财产。

【13】"不久之后，小儿子带着自己所有的财产，动身去到一个遥远的国度。在那里他挥霍无度，过着放荡不羁的生活。【14】在他挥霍完所有的财产之后，遇上全国大闹饥荒，他开始受穷。【15】于是他将自己卖身于该国的一位公民，被公民打发去喂猪。【16】他渴望用喂猪的蚕豆来填饱肚子，可是没有任何人给他一点食物。

【17】"他觉醒之后想到：'我父亲聘请的那么多人都有吃不完的食物，我却在这里快要饿死！【18】我要回去找我的父亲，对他说：父亲，我有罪于苍天，有罪于您。

【19】我再也不配称作您的儿子；就让我作您的一位雇佣者吧。’【20】于是他动身回去找他的父亲。

“可就在他离家老远的时候，父亲看见了他，对他满怀同情；父亲朝着儿子跑过去，展开双臂拥抱他、亲吻他。

【21】“儿子对他说：‘父亲，我有罪于苍天，有罪于您。我再也不配称作您的儿子。’

【22】“父亲却对仆人们说，‘快！把最好的长袍拿来给他穿上。把戒指戴在他的手指上，给他穿上鞋。【23】把那头肥牛犊牵出来杀掉。我们要设宴庆贺。【24】因为我的这个儿子曾经死去，现在又复活了；他曾被丢失，现在又被找回来了。’于是乎他们开始庆贺。

这个故事常常被描述为道德情感剧，讲述的是任性的儿子挥霍完遗产之后重新回到家里。他的父亲不顾嫉妒他的哥哥的反对，满怀欣喜地接纳了他，原谅了他。这个故事常常被解读为不配得的恩典。

从牧牛的隐喻这个角度来看，儿子回家了，没有带着期盼，放弃了欲望。这与佛教关于解决基本生存问题的教义相吻合----释迦牟尼佛在《四圣谛》里对该教义作出了解释。其解释如下：

1.人生是要受苦的。

2.受苦的根源在于人的执着。

3.苦难的结束是有可能的。

4.可以找到结束苦难的方式。

释迦牟尼佛在放弃了世俗的一切，经过多年身体力行的苦苦修持之后悟出了《四圣谛》；有六年的时间他住在树林里，以期“开悟”。终于有一天，他坐在菩提树下，答案纷至沓来：菩提本无树，明镜亦非台；本来无一物，何处惹尘埃？在他的余生里，他尽量把这个道理讲给那些愿意得道的人听。

他诘问为什么人世间会有苦难。这个洞见本身其实并不伟大，因为几乎所有的人都知道人世间有苦难这一点。我敢肯定，释迦牟尼佛可以去问坐在集市上的一位哪怕是头脑最简单的人，他的回答也会与《四圣谛》的第一条相一致。真正天才般的、精神上的洞见在于他找到了一切苦难的根源在于迷恋与执着。执着的形式多种多样，迷恋的对象千千万万，而世间万物又是十分短暂的。回头浪子渴望得到遗产以及能用财富买到的一切，但他很快就发现：他的财富被欲望的热浪消融得无影无踪。佛陀并不执着于迷恋之物，是因为他意识到了苦难植根于渴望与期盼----这是迷恋的主体要素。

迷恋之物不仅仅包括我们身边物质的东西，还包括思想观念以及一切可以感知的东西。受苦受难的原因在于渴望、不良的情感、对财富和名誉的追逐、以及对名利的争夺。这听起来岂不就是在讲回头浪子的事吗？《四圣谛》的第二条和回头浪子的穷困潦倒都可以在他空虚的生活方式中得到诠释。

由于我们的迷恋之物是转瞬即逝的，失去它们就变得不可避免，那么苦难就会接踵而至。回头浪子去喂猪，以猪食为生。他为自己的生存而忧伤，于是回到家里，希望能够结束苦难。

迷恋之物还包括“自我”观----这是一种错觉，因为永恒的自我是不存在的。我们所谓的“自我”不过是一种想象的实体，它阻碍着我们接近本源，让我们无法看清自己真实的面容。回头浪子要回家，他务必放弃一切的期盼与渴望，因为在他拿走所有的遗产之时就断绝了与家里的一切关系。回家就意味着他已经明白结束苦难是有可能的----《四圣谛》第三条。他放弃了所有的渴望与期盼，甚至放弃了希望，开始回家的旅程----这里就隐藏着结束苦难的秘诀。

这是一条结束苦难的大道----一条走向平静、安宁、开悟的渐进之道。这是一条介于极端自我放任（享乐主义）和极端自我克制（禁欲主义）之间的中间路线。它让我们不再寄希望于生死轮回，不再恶性循环似的重复灾难性的错误。走上这条路，贪婪、无知、错觉及其恶果都将荡然无存。当回头浪子的父亲跑出去迎候儿子、命令宰杀肥牛犊的时候，《四圣谛》的第四条得到了验证：戒指戴在了他的手指上，象征着完全终止了他以前苦难的生活。

回头浪子的故事是一个可以用来说明你的生活与你无关的，几乎完美的范例。我们把生活看作是自己的，这就构成了索取以前的、不应该得到的遗产的基础。这是自私与迷恋的意象，也是初寻道之人寻求人生意义、甚至寻求真理的意境。随着财富与欲望化为无尽的空虚与苦难，浪子狂放的生活需要驯化；面对无可赖何的世间与人生，浪子唱着谦卑与忧伤的新歌回到家里。他的回归得到了奖赏，不是因为他的谦卑，他甚至没有机会忏悔，他得到迎候不过是因为他的存在。牛的故事和浪子回头的故事共同谱写出一条世间真理，这条真理超越了执着与迷恋，升华会美好心灵的乐观主义。

第十二章　　骑毛驴的耶稣

1 耶稣和门徒将近耶路撒冷，到了伯法其和伯大尼，在橄
榄山那里。耶稣就打发两个门徒，2 对他们说，你们往对面村
子里去。一进去的时候，必看见一匹驴驹拴在那里，是从来
没有人骑过的，可以解开牵来。3 若有人对你们说，为什么作

这事，你们就说，主要用它，那人必立时让你们牵来。4 他们
去了，便看见一匹驴驹，拴在门外街道上，就把它解开。

5 在那里站着的人，有几个说，你们解驴驹作什么。6 门
徒照着耶稣所说的回答，那些人就任凭他们牵去了。7 他们把
驴驹牵到耶稣那里，把自己的衣服搭在上面，耶稣就骑上。8
有许多人，把衣服铺在路上，也有人把树枝砍下来，铺在路
上。

9 马前马后的人，都喊着说，和散那（注：赞美上帝的用
语）；奉主名来的，是应当称颂的。10 那将要来的我祖大卫
之国，是应当称颂的。高高在上，和散那。 11 于是耶稣进了
耶路撒冷，入了圣殿，看了周围各样物件。天色已晚，就和
十二个门徒出城往伯大尼去了。

试比较：马太福音 21：1-11；卢克 19：28-40；约翰 12：12-19

1. 耶稣遣门徒寻驴 / 寻牛

2. 耶稣提供线索 / 见踪

3. 门徒见驴 / 见牛

4. 门徒给驴解套 / 得牛

5. 门徒遭遇阻力 / 驯牛

6. 耶稣骑驴 / 骑牛归家

7. 耶稣进入寺庙 / 忘牛存人

8. 耶稣离开寺庙 / 人牛俱忘

9. 耶稣回到伯大尼 / 返本还源

10. 耶稣服务人类 / 服务于人

虽然牧牛的隐喻故事比耶稣进入耶路撒冷的故事要早 500 年，可是两个故事之间却有着惊人的相似。虽然牛的故事及其各个阶段的演化持续了大约 2000 年，但是关于这个故事起源于公元前六世纪这一点却几乎没有什么疑问。

可是在耶稣的故事中，福音书的作者提到的却是驴驹。马太和卢克把这种动物看作是驴生的仔，换句话说耶稣所骑的是幼驴，而不是牛。请注意，耶稣临世的时候，旁边有一头牛和一头驴，这很有意思。虽然在正本福音书中没有这样的说法，但在《伪马太福音书》中却有这样的描述。在耶稣的信徒中，有的人把牛和驴的形象看作是重要而有力的精神符号。

在耶稣的故事中，他派了两个门徒去找驴。咋一看，这似乎与中国寻牛故事中一个人去找牛不同。也许耶稣是要使用两个门徒这样具有宗教意义的符号作为隐喻，来表达寻驴人的本性与思维定势的二元性，以此深化故事的主题。佛教把没有开悟的自我看作是一个身陷二元世界中，正寻求解脱的人。

于是耶稣给两个门徒一些提示。这就好比寻牛人在田园、丛林中见到了牛的踪迹，暗示牛的存在。耶稣给门徒八条指示：

1. 走自己的路 / 正见

2. 进入村庄／正思维

3. 找驴／正业

4. 注意驴没有被人骑过／正命

5. 给驴解套／正精进

6. 提防有人反对／正念

7. 告诉质问的人／正语

8. 解开牵来／正定

这八条指示与释迦牟尼佛在公元前 424 年所传的《八正道》相对应。“正言”的顺序似乎发生了一点变化，看似有些错位（从第三对应到了第七），但是通过对描述耶稣指示的各种对观福音书（注：指马太福音）版本与约翰福音书的版本进行对照，我们发现其实不然：在约翰福音书中，人们口出正言，颂扬耶稣进入耶路撒冷；约翰福音书根本没有提到耶稣向门徒发出指示，让他们把驴牵过来。

如果马克的版本是最早的版本，那么耶稣有可能是参照《八正道》，有意识地改变了指示的顺序。至于他为什么要这么作，我们可以在传统的八正道三类分组法中找到线索。八正道分为智慧、道德行为和精神修养三个组别。耶稣似乎是将正言从道德行为类划到了精神修养类。在佛教从印度传入中国的时候，在某些派系中言语与精神修养相关。要是耶稣熟悉这个派系，他就有可能沿用了一种合理的、在同一时期正在被亚洲其他的教士们所倡导的重新分组法。

两个门徒瞥见了驴。入了城他们就看见了驴，这正应验了耶稣所告诉他们的。这是一个漂亮的隐喻，因为动物常常就关在城门内。在佛教故事中，寻牛人徘徊在田野、在山谷丛林中。耶稣的门徒可能临近城门就瞥见了牛。

下一步就是给动物解套或者捕获动物。这个观点似乎相抵触：在佛教故事中，寻牛人务必捕获逃散的牛；在耶稣的故事中，门徒务必为已经捕获的动物解开绳索。其实，只要我们明白不管是寻牛人或是门徒，其使命都是要控制住动物，这样的话，二元论的悖论就被攻克了。如果绳子一端拴着未被驯服的动物，人又紧紧抓住绳子不放是很危险的。门徒们得到警示：驴未被人骑过。马太福音所讲的故事中有两头驴。也许马太福音书的骑手无法想象：如果没有一头幼仔在一旁安抚，耶稣怎么可能骑一头没有被驯服的驴。可是在希腊版本中，由于福音书作者的粗心，导致了读者误以为耶稣骑了两头驴----这是一个著名的语法错误。

驯服动物并非一帆风顺。耶稣曾警告门徒说，他们将遭遇挑战。按照耶稣故事的说法，挑战不仅来自于动物，还来自于外部其他的压力----旁人问门徒解驴驹作什么；在寻牛人或门徒开始学会控制以前不曾降服的动物（牛或驴，可喻指我们狂野的心魔）之时，还会遭遇朋友、伙伴的抱怨。试问一问惜时的瘾君子或酒鬼，在戒掉酒瘾或者毒瘾之后，以前的狐朋狗友是否会牢骚满腹，是否会竭尽所能将他们拉回去。去问一问任何经历过精神转换的人，他们的朋友和家人是否曾因为他们变得和以前不同而忧心忡忡。

在描述转化与开悟方面，耶稣的故事讲得更全面细致。发生变化的不仅仅是寻找驴的门徒，那些旁观的人也获得感悟。这里不存在二元论的悖论，耶稣以一种隐喻的形式进了圣城耶路撒冷，大家都得到超脱。

耶稣骑驴入圣殿，就像牛的故事一样，他在回家。耶稣的故事讲得很清楚，家并非就是世俗的家园，在他心里应该是像圣殿一般神圣的地方。牛的故事里面也隐含着这样的观点，只不过耶稣的故事说得更明确，更直白。

耶稣入圣殿显然是要先下驴，再入殿。虽然耶稣的故事没有讲到这一点，但是牛的故事说得更明确----牛消失了或者被人遗忘了。在耶稣的故事中，驴完成了使命，从此就从故事中消失了，我们再也没有听到驴的事。耶稣消失在众人的视线中，独自入了圣殿。

耶稣从圣殿中出来，再次出现在人们的视线之中时，这就与牛的故事中“人牛俱忘”这一观点相对应。我们再也没有听到牛的事，耶稣也发生了巨变，以至于众人一时都无法认出他来。在耶稣的故事中，他是被众人作为大卫之子拥入圣殿的。他就是凯旋归来的王者。在日常生活中，我们把自己当做国王或者王后，以一种膨胀的自我观行事。其实我们成为了别人帮助造成的假象的牺牲品----那些最疼爱我们的人都是造假的同盟犯。我们被娇生惯养，被交口称赞，以至于不堪重负。其实青少年的反叛往往是一件好事：反叛的核心在于，那是一种针对自欺欺人的谎言的无意识的叛逆，就是我们西方人所谓的一种自我的叛逆。父母和老师都担心孩子有自大心理，而孩子成了以自我为中心的小大人时，他们就惶恐不安。解决的办法就是让孩子摈弃自我，多为他人着想，多为别人服务。务必倡导移情，但这需要超脱与开悟。照耶稣的故事所讲，耶稣并不是作为国王，而是以一个谦卑的仆人离开圣殿的。他抛弃了自我，回到了伯大尼，他准备在那里作出全面的牺牲。

回到伯大尼就等于是回到发源地，因为那里是耶稣在耶路撒冷的时候活动的基地，那里是拉撒路、玛利亚和马大生活的地方，这相当于牛的故事中的返本还源之地。伯大尼是橄榄山上的一个小村庄，距离圣城耶路撒冷大约两英里，耶稣在这里让拉撒路复活；患麻风病的西门的家也在这里，耶稣在西门家里给他治好麻风病。按照传统的说法，伯大尼是耶稣升天、并重返人间的地方。如果有一个地方能称作耶稣传经布道、行善渡人的发祥地的话，那就是伯大尼。

耶稣终归于服务全人类。他的牺牲行为使得每一个与耶稣思想结缘的人都可以得到安宁与开悟。耶稣的故事告诉我们，他能够做到这一点是因为他已经历了超凡脱俗与大彻大悟。在牛的故事里面，牧牛人归于帮助他人不是因为他必须这么作，而是他心甘情愿这么作。在佛教里菩萨这个术语不仅仅代表一个大彻大悟的人，还代表一个为了全人类的幸福而推迟升入天国的人。了解到这一点，我对弥赛亚（注：犹太人盼望的复国救主）的理解又有了更加深刻的认识。

耶稣的故事是终极版的自己的生活与自己无关的故事。用完圣餐，耶稣独自在花园里祷告："请勿仅赐福于我，请赐福于所有的人"----这是他达到开悟境界的最强有力的证据。他的生命属于他的父亲、属于全人类，为此他愿意在十字架上献出自己的生命。耶稣成了救世的菩萨，他推迟升天，直到完成在人世间的一切使命。耶稣骑着驴驹入圣城耶路撒冷的故事表明他已获得开悟，但正如牛的故事一样，他还需走完最后一步----帮助全人类，以求得功德圆满。

我最喜欢的一个菩萨形象就是受到日本人顶礼膜拜的除盖障菩萨（注：又名除一切盖障菩萨、降伏一切障碍菩萨、弃诸阴盖菩萨，是佛教八大菩萨之一，形像为右手结无畏印，左手持莲华，华上有如意珠，表示以菩提心中之如意珠满足一切众生的愿望。）。除盖障菩萨在世上行善，拯救人类免于地狱的煎熬，她会等到释迦摩尼佛最后的归来。我不禁想起，这是佛教与耶稣故事的同步性特征对日本民族的传统所产生的影响。关于这一点我们是有据可查的：空海大师（734-835 AD）被认为是日系佛教真言宗派之父，该教派最为推崇的就是除盖障菩萨；空海大师曾到中国留学，后将释迦摩尼佛的故事和教义带回到日本。空海大师从一个名叫亚当的基督教牧师那里得到中国版佛陀的故事（大约有二十卷），亚当用了将近二十年的时间将佛陀的人生经历与佛教教义从印度方言翻译成中文。亚当可能来自于巴格达，是一位景教（隶属于基督教教派）传教士。当时讲阿拉姆语的基督徒似乎垄断了翻译市场----据说，当时的唐朝皇帝命令亚当为佛教徒翻译佛陀的人生经历与佛教教义；佛教和基督教都被视为外来宗教。和大多数外来宗教一样，信仰的人数不多反倒有利于团结合作，而不至于形成派系纷争。在那样的大背景下，各种思想相互交融、渗透，各种宗教相互影响----基督教和佛教在中国就是如此，在 7-9 世纪的中国这一点尤为明显。

因此我们发现基督教信仰受到了佛教或道教思想的影响也就不足为奇，这就是宗教的特性，我倒认为这是一件好事。

发疯似的紧紧抓住自己的宗教思想不放的人，其实什么也没有抓住，抓住的不过是对自己声称的真理的理解而已。说到底这是一种自我欺骗行为，当然，要承认自己坚信的只不过是自己所理解的宗教思想是残酷的。我们自我欺骗地认为：我们信仰的宗教思想是身外之物，与自己无关，事实上我们的思想与我们密不可分。坚持二者可分就会陷入一种微妙而有害的二元论：我们的这种思想越顽固，就越是不能容忍其他的思想观念，就越是见不到真实的本我，进而崇拜虚假的自我。

我们发现我们的生活与我们无关只不过是因为那不仅仅是我们的生活----然而那又是我们的生活！这里不存在二元悖论：我们的牛已经消失了，我们又从圣殿走了出来，不再作为国王或者王后被人前呼后拥，我们是无名小卒，要为他人、为人类服务。

第十三章　　牛眼看人生

只有从自身的童年经历出发、相信神话故事价值的父母，才有资格给孩子们讲这些故事，才能回答孩子们的提问；倘若他认为这不过是一堆谎言的话，最好就别讲给孩子们听，因为他将不能自圆其说，也不可能丰富孩子们的生活。

--布鲁诺·贝特尔海姆

牛眼看人生

三十年前我做了一个梦，梦的故事一直装在我的脑海里，现在把它写下来，竟然成了一本书，更没有想到它会是一条通往安宁与开悟的心路历程。这是又一个版本的牧牛的故事，结尾是服务于人以及关于对苦难的应对。

在那遥远的高山草地上住着一个金发男孩，他的名字叫作耶利米。每天的早上和晚上，耶利米都要把他父亲的奶牛赶进牲口棚去挤奶；周一到周五的每一天，他会到下边峡谷里的学校去上学。就是在这峡谷的学校里，耶利米的心情变得郁闷又悲伤；也是在这所峡谷的学校里，耶利米第一次见到了罗杰。

罗杰比学校里大多数孩子的年龄都要大，但他却连 2+4 等于多少这样简单的算术题都不会做，每一次老师让他大声朗读他就着急。课余玩耍时，其他的孩子也不邀他一起做游戏。罗杰没法像其他孩子一样正常行走，更不能跑步。他走路时拖着左脚，右臂卷曲在胸前。罗杰说话也不够利索。

一天，老师要耶利米辅助罗杰读书。要耶利米坐到罗杰身边很难，但他不敢违抗老师的旨意。

耶利米问到：“喂，你要我帮你什么？”

“我不知道。”

耶利米心里在想：“我现在该咋办呢？”

“嘿，我们从这一页开始。你认识这个字吗？”

那个上午其余的时间耶利米都在帮助罗杰，这让他很累，同时他心里也在想，要是对老师说“不！”的话到底会咋样。

接下来的几周，耶利米都没有被抽到去帮助罗杰；在玩耍的时候，他也离罗杰远远的；每天上课的时候他都希望自己别被抽到。一天上午他装病不去上学，因为他想又该轮到他帮助罗杰了。但是第二天，当耶利米回到学校的时候，老师还是要求他帮助罗杰，耶利米服从了老师的安排。

耶利米问：“今天我们从哪里开始呢？”

“我喜欢你帮我，”罗杰说，“你才是我的朋友！”

耶利米不知道该说什么好。他还没有回过神来就从椅子上跳了起来，冲出了教室、跑出了教学楼、一直跑到回家的路上。他懵懵懂懂的不知道要去到哪里。天空湛蓝湛蓝，地上是绿褐色斑驳的一片。他用手摸了摸自己的脸，抹去已经冰凉的泪珠。他眨巴了几下眼睛，挤掉最后的几滴泪水；深深地吸了一口气，这让他不禁打了个寒颤。他叹息似地呼了一口气，现在感觉好一点了，但还是感觉不太自在。

那天耶利米回家的路走了一个下午，他不想让父母知道他是从学校跑出来的。那天，耶利米想了罗杰很多：他在想，为什么会有像罗杰这样的人，为什么他们看上去如此奇怪，说起话来又是如此滑稽。他尤其想不明白，为什么人要生病、要受伤，为什么每个人都得受苦。

那天夜里耶利米回到家里时只是简单地给妈妈打了一声招呼，他不敢看妈妈的脸，更不敢看她的眼睛，他担心妈妈会怀疑上什么。耶利米匆匆出了家门，去牧场上把牛赶回来。

那天晚饭以后，耶利米上了床，他的妈妈进到他的房间来给他盖被子，道晚安。

她说："杰里米，你愿意把事情说给我听听吗？"

耶利米不知道是该生气还是该再次哭泣，"妈妈，是谁告诉你的？"

"是我从你眼睛里看出来的，"妈妈说。

"你看出什么了？你看出我是从学校跑出来的了吗？"

“我现在知道了，”妈妈说，“告诉我就对了。我会尽力理解你的。”

耶利米把他对罗杰的所有感受都告诉了妈妈：他说他是如何的不想靠近罗杰，在罗杰向他求助时又是如何的不知道该说什么。他还告诉妈妈，当罗杰对他说他才是朋友时他又是如何地跑出了教室。

“我不想再回学习了，”耶利米恳求到。

“我知道，你可能是觉得不好意思，不想再见到罗杰。可是不见到罗杰，你又何时才能心安？”妈妈问到。“你觉得因为你的感情受到了伤害，所以不能再回学校，可是罗杰几乎每天都带着受伤的感情去上学。”

“我懂了。有时候，他的身体疼痛难忍还来上学。我曾听他对老师说他的身体整夜是多么的疼痛，到了早上还僵硬、发炎。可他还是来上学。”

耶利米的妈妈露出了微笑：“杰里米，晚安。”

“妈妈，晚安。”

第二天早上，耶利米起床、迅速穿好衣服。天气很冷，室内窗户上的霜开始融化；他匆匆下楼，出了家门。晨雾在高山草地上盘旋，太阳要穿透晨雾，草湿漉漉的。天空是一片银白色，而太阳看上去就像他的妈妈在特殊日子才使用的、洁白的瓷盘。不久奶牛的身影就浮现在他的眼前，云雾之中一头头奶牛就像是漂浮在草地的上方。走近牛群，这些牛也就不再有漂浮的感觉；耶利米将所有的牛聚到一块，朝牲口棚赶去。此刻的晨雾已经散开，朝山边渐行渐远。

耶利米回头望望，看有没有把牛丢在了后边；此刻的雾已升起，整个草场在眼前一览无余。他看见一缕阳光穿透了头上的晨雾，一个光圈落在草地上，光圈之中是一头金色的奶牛，牛的毛发熠熠生辉。耶利米心想，自己数过父亲的奶牛，一头不少，而且这头牛和以前见过的任何一头牛都不一样。耶利米迅速地朝这头牛走过去，其他的牛则继续往牛棚方向走。就在离这头奶牛几步远的地方，他停下了脚步。

奶牛躺在暖暖的草地上，棕色的毛发闪着光；它的眼睛半睁半闭，就像在嚼着反刍的食物。牛嘴嗡动，不过动的样子在耶利米看来很奇怪：他心里在想，自己以前从没有看见过牛的嘴像那样动。他猛的一惊，仿佛一阵寒风袭来----他仿佛听见牛在低声耳语："看我的眼睛。"

"这怎么可能，"耶利米心里想，"牛不会说话的。"

"看着我的眼睛，"牛再次低声说到。

耶利米想起了头天晚上妈妈给他说过的话：妈妈说她能从眼睛里看出问题来。或许自己也能从牛的眼睛里看出点儿名堂来。

耶利米双手双膝着地俯下身子，慢慢地朝奶牛爬过去。他爬到了距牛很近的地方，甚至都能够闻到牛呼出的甜甜的气息----他心想：这会不会是牛设下的陷阱？他感到纳闷，为什么这头牛一点都不怕人----事实上，牛几乎都没有注意到他的靠近，换了他父亲的任何一头牛都会起身走开。

牛第三次说到："快看着我的眼睛。"

牛的眼睛睁得圆圆的，一点都不露怯，相反，它的眼神是在邀请耶利米要看个真切。耶利米想，牛的眼睛是蓝色的，可是他细看之下才发现，牛的眼睛是深棕色的。接下来让耶利米大吃一惊的一幕出现了：在牛的眼睛里，他看到了从未想到过的东西！他看见了林间草地，看见孩子们在阳光下玩耍。起初他认为看到的是倒影，于是他回过头去看身后有没有孩子在玩耍，可是草地上空空如也，只有青草、阳光和这头奶牛。

他再次看着牛的眼睛，他看到了两轮太阳，那是另一个世间，一个与自己熟悉的世界完全不同的世界。看到这，耶利米心里充满了恐惧和喜悦，两种情感在他的胸中激荡，就像是大海中的狂涛巨浪要把他打个粉碎。慢慢地，牛的眼睛闭上了，一阵微风吹过草地，耶利米起身朝着牲口棚走去。就在快走近牲口棚的时候，他回过头去想再看一眼那头牛，可是牛已经消失得无影无踪了；他的老师，艾维利·伯德先生站在栅栏的旁边。

“嘿，耶利米！你今天来上学吗？我想今天早上我可以和你一块儿下山去学校。”

“好的，艾维利·伯德先生，我马上就来。”耶利米进了屋，洗漱完毕、穿好衣服，于是就和艾维利·伯德先生一起上学校去了。

“对不起，耶利米，昨天我让你烦恼了。”艾维利·伯德先生对他说。

“没事儿了，”耶利米说。

“今天我要让另一个男孩子帮助罗杰。”

耶利米什么也没有说，况且，他还有很多的问题没有想清楚。

放学以后，耶利米匆匆回家；他漫步走进牧场草地，他要去找那头奶牛。他找了差不多一个小时，就在快要放弃，打算把父亲的牛往回赶的时候，那头金褐色的奶牛跃入他的眼帘，正坐在一棵橡树的下面。

耶利米差不多是冲着牛跑了过去，他急着要再看看牛的眼睛。

“你好，耶利米，”牛开口说话。

耶利米猛地止住了脚步，“你怎么知道我的名字？”

牛没有回答他的问题。过了一会儿，牛又开口说话：“过来看我的眼睛。”

他爬着来到牛的跟前，他再次看到了那个有孩子、树木和两个太阳的世界。“这些小孩都是谁呀？”

慢慢地，牛的眼里泛起了泪光：“他们是一群恢复了童真的小孩，因为你们那个世界的人为他们遭受过苦难。”

“你这话是什么意思？”耶利米问到。

“我的意思是说，如果你们世界的人每遭受一次苦难，在我的世界里就会有一个小孩恢复浪漫的童真。仔仔细细地朝我的眼睛里看，你会看明白的。

“这到底是怎么回事？”

“那天就在你的感情受到伤害的时候，你刚才在我的眼睛里看见的那个小孩就开始变得纯真起来。”

“我也让其他的小孩恢复纯真了吗？”

牛尽管嘴巴没有动，却似乎皱起了眉头。“没有，是你的朋友罗杰让他们恢复了童真。昨天在你的感情受到伤害时，是你第一次真正感受到了伤害；而罗杰早就受到了伤害，他承受得太多。这些孩子都是他在我的眼睛里储存的财富。”

耶利米打断了牛的话，问到：“难道这就是罗杰必须遭受苦难的理由吗？”

牛发出一声低沉的声音：“不是的，那可是需要你改天才能明白的东西。”

“今天你已经知道了罗杰遭受痛苦的目的。你以前不懂得受苦受难有什么好，可今天你懂了。去吧，今后你要更加聪明一点儿，因为你已经从我的眼睛里明白了一些事理。”

第二天耶利米去了学校，他的胸中有一股热流在涌动。艾维利·伯德先生说：“孩子们，开始读书了，”这时候，耶利米举手说到：“艾维利·伯德先生，今天我可以帮助罗杰读书吗？”

完

www.ingramcontent.com/pod-product-compliance
Ingram Content Group UK Ltd.
Pitfield, Milton Keynes, MK11 3LW, UK
UKHW041936190726
13854UKWH00004B/1612

9 781257 006915